POLYGLOTT on tour

Südfrankreich

W0058925

Der Autor
Manfred Braunger

**Mit großer Faltkarte
& 80 Stickern
für die individuelle Planung**

www.polyglott.de

SYMBOLE ALLGEMEIN

   Besondere Tipps der Autoren

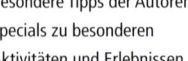 Specials zu besonderen
Aktivitäten und Erlebnissen

 Spannende Anekdoten
zum Reiseziel

 Top-Highlights und
Highlights der Destination

Top-Touren & Sehenswertes

	TOUR-SYMBOLE		PREIS-SYMBOLE	
❶	Die POLYGLOTT-Touren		Hotel DZ	Restaurant
6	Stationen einer Tour	€	bis 80 EUR	bis 10 EUR
①	Hinweis auf 50 Dinge	€€	80 bis 150 EUR	10 bis 25 EUR
[A1]	Die Koordinate verweist auf	€€€	über 150 EUR	über 25 EUR
	die Platzierung in der Faltkarte			
[a1]	Platzierung Rückseite Faltkarte			

Zeichenerklärung der Karten

beschriebene Region
(Seite=Kapitelanfang)

10 **E** **h**   Sehenswürdigkeiten

4   Tourenvorschlag

Autobahn

Schnellstraße

Hauptstraße

sonstige Straßen

Fußgängerzone

Eisenbahn

Staatsgrenze

Landesgrenze

Nationalparkgrenze

Top 12 Highlights

1 Gorges du Verdon › S. 61

2 Monaco-Ville › S. 69

3 Corniches › S. 70

4 Nizza, Stadtteil Cimiez › S. 72

5 Grasse, Altstadt › S. 77

6 Mont Ventoux › S. 91

7 Avignon, Palais des Papes › S. 92

8 Pont du Gard › S. 100

9 Camargue › S. 101

10 Carcassonne, Cité › S. 113

11 St-Bertrand-de-Comminges › S. 124

12 Bordeaux, Altstadt › S. 132

1 Touren-Start

Perfekte Planung
Parallel klappe
vorne links
aufschlagen

Die Zisterzienserabtei Sénanque
liegt wunderschön in einem einsamen
Tal, umgeben von Lavendelfeldern

TYPISCH

Südfrankreich ist eine Reise wert!

Weltberühmte Maler entdeckten Frankreichs Süden lange, bevor sich die Region zur attraktiven Urlauberdestination entwickelte. Ganz zufällig geschah dies nicht: Der Landesteil zwischen Côte d'Azur und Atlantikküste zählt zum Besten, was die Grande Nation zu bieten hat.

Der Autor **Manfred Braunger** machte nach dem Studium von Politologie, Soziologie und Ethnologie seine Reiseleidenschaft zum Beruf. Er ist Autor von diversen Reiseführern, zahlreichen Bildbänden und Zeitschriftenartikeln. Zwischen seinen Reisen nach Frankreich, das er nicht zuletzt als Lieferant großartiger Bildmotive schätzt, lebt er in seinem »Basislager« in Freiburg im Breisgau, einen Katzensprung von der Grenze entfernt.

Unbeeindruckt vom einsetzenden Platzregen blickt der von Grünspan überzogene Literaturnobelpreisträger Frédéric Mistral auf der Place du Forum in Arles von seinem Podest in die Blätterkronen der Platanen. Mit einem kurzen Spurt rette ich mich unter eine dotterfarbene Markise ins Trockene, die Tische und Stühle überspannt. »Café La Nuit« steht in großen Buchstaben an der sonnenblumengelben Rückwand. Der rubinrot leuchtende Rosé, den der Kellner auf meinen Tisch stellt, passt in den provenzalischen Farbenreigen. Kein Wunder. Wo ich sitze,

Die Ockerbrüche von Roussillon sind nur eine Facette im reichen Farbspektrum der Provence

Geniale Künstler eignen sich auch gut als Werbeträger

schau halten, vertraue ich Malern mit Gespür für das Augenscheinliche, wenn ich selbst auf der Suche nach Motiven bin (wobei ich meine Bilder nicht auf Leinwänden, sondern auf Speicherkarten mit mir herumtrage).

Wenn mir der Rummel in Aix-en-Provence trotz historischer Altstadtgassen und regionaler Köstlichkeiten auf dem Bauernmarkt zu viel wird, mache ich mich auf den Weg ins östliche Umland. Schon vom Stadtrand aus ist das schroffe, graubleiche Bergmassiv der Montagne Ste-Victoire auszumachen, das Paul Cézanne hundertfach so malte, dass man wilden Lavendel, Rosmarin und Kiefernharz auf seinen Bildern fast zu riechen glaubt. Von Pablo Picasso wird erzählt, er habe sich mit dem Gedanken getragen, die Montagne Ste-Victoire zu kaufen. In den letzten zweieinhalb Lebensjahrzehnten lebte und arbeitete er an seiner geliebten Côte d'Azur, wo sich der

verbrachte vor über 120 Jahren Vincent van Gogh seine Arbeitspausen beim einen oder anderen Glas Absinth. 1888 pinselte er seine Stammkneipe auf Leinwand und schuf damit eines seiner bekanntesten Werke. Ich habe das Gemälde als Postkarte bei mir, um Vergleiche anzustellen. Die Ähnlichkeit ist frappierend und erklärt, warum das Café trotz zweifelhafter kulinarischer Qualität stets regen Zulauf hat.

Das schattenlose Licht, die klaren Farben und der vom Mistral wolkenleer gefegte blaue Himmel Südfrankreichs schlugen nicht nur das niederländische Malergenie in Bann. Schon vor Jahrzehnten begann ich Winkel und Gegenden zu erkunden, in denen Frankreichs Künstlerelite Staffeleien aufbaute oder in Ateliers den unvergleichlichen Zauber der Region mit Pinsel und Farbe auf Leinwand festhielt. So wie im Filmgeschäft Locationscouts nach passenden Drehorten Aus-

Dank van Gogh eine Ikone: das Café de la Nuit in Arles

Auch der Pont de Langlois erlangte durch van Gogh Berühmtheit

bestandener mediterraner Garten, der den rheumakranken Künstler vielleicht zum duftigen Farbenspiel mancher seiner Werke angeregt hat.

Der Blick auf den strahlend blauen Meeresstreifen am Horizont hat sich mir ebenso ins Gedächtnis gebrannt wie das Panorama, das sich mir am Plage Boramar mitten in der 3000-Seelen-Gemeinde Collioure an der Côte Vermeille über ein Eisbechergebirge mit Sahnegletscher hinweg bietet: Zum Greifen nah ein sandiger Flecken Badestrand, an dem die müde Hafenbrandung leckt, links die Kirche Notre Dame des Anges, die mit ihrem aus Naturstein gemauerten Turm eher an eine Festung erinnert, rechts das alte Château Royal, hinter dem sich die grünen Pyrenäenhöhen bis in das spanische Katalonien erstrecken. Angesichts der Postkartenszenerie würde ich mich wundern, wenn Künstler wie Albert Marquet und André Derain nicht auf die Idee gekommen wären, die Bilderbuchgemeinde in eine Künstlerkolonie zu verwandeln.

Im Westen von Collioure ruft mir die akkurate Geometrie der sich bis fast an den Atlantik ausdehnenden Rebgärten ins Gedächtnis, dass der Süden Frankreichs neben optischen Preziosen auch um »geistige« Werte nicht verlegen ist. Vermutlich haben edle Tropfen aus dem Languedoc-Roussillon und der Region um Bordeaux Kunstschaffenden schon immer kreative Geistesblitze beschert …

Wandel zum touristischen Hotspot erst anzubahnen begann. Viel Fantasie brauche ich nicht, um mir vorzustellen, wie ihn der Wellenschlag an der Promenade von Cannes, das außergewöhnliche Licht und die seidige Meeresluft zu seinen Werken beflügelten. Lang her scheinen die Zeiten, als der weltberühmte Künstler unter einem ausladenden Strohhut mit Dackel Lump an der Leine am Hafen von St-Tropez spazieren gehen konnte wie einer unter vielen. Heute reibe ich mir verwundert die Augen darüber, wie unverhohlen sich Goldkettchen tragende Geldaristokraten und Jetsetter auf millionenteuren Jachten dem gaffenden Fußvolk zur Schau stellen.

Als Picasso 1919 seinen ersten Urlaub an der Côte verbrachte, hauchte der kranke Impressionist Auguste Renoir in seinem Landhaus Les Collettes in Cagnes-sur-Mer eben sein Leben aus. Von der Terrasse des heutigen Museums präsentiert sich mir ein mit knorrigen, altersgebeugten Olivenbäumen

Reisebarometer

Was macht den Midi so besonders? Kein anderer Landesteil bietet Urlaubern eine so große Vielfalt – vom Jetsettrubel in St-Tropez zur Bergeinsamkeit in den Cevennen, von mittelalterlichen Wehrdörfern zu pulsierenden Metropolen wie Marseille.

10× richtig gut

Landschaftliche Vielfalt
Schroffe Gipfel, wildromantische Schluchten, karge Hochplateaus, versteckte Felsbuchten und endlose Sandstrände

Kultur und Besichtigungen
Antike Monumente, moderne Architektur, Kunstmuseen

Abenteuer und entdecken
Wildwasserfahrten, Weinseminare, Kreativkurse

Kulinarisches Angebot
Michelin-Sterne und Gault-Millau-Hauben allerorten

Spaß und Abwechslung für Kinder
Strandvergnügen, Freizeitparks, Begegnungen mit Tieren

Shoppen
Edle Boutiquen, Märkte mit regionalen Spezialitäten

Sport und Aktivitäten
Reiten in der Camargue, Wandern in den Calanques, Surfen am Atlantik

Ausgehen
Noble Restaurants, dörfliche Bars, schicke Beachclubs

Geeignet für Strand- und Wanderurlaub
An der Côte d'Azur lässt sich beides gut kombinieren.

Preis-Leistungs-Verhältnis
Ein Stück Paradies bekommt man eben nicht umsonst.

● = gut   ●●●●● = übertrifft alle Erwartungen

50 Dinge, die Sie ...

Hier wird entdeckt, probiert, gestaunt, Urlaubserinnerungen werden gesammelt und Fettnäpfe clever umgangen. Diese Tipps machen Lust auf mehr und lassen Sie die ganz typischen Seiten erleben. Viel Spaß dabei!

... erleben sollten

(1) Schnupperkurs Nach kurzer Einführung in die Kunst der Parfümherstellung darf man sich bei Galimard in Grasse › **S. 77** aus über 100 Essenzen seinen eigenen Duft mischen (tgl. 10, 14, 16 Uhr, 2 Std., 45 € inkl. 100 ml Eau de Parfum).

(2) Das Glück der Erde ... Sie leben halbwild, geben sich aber zahm: die weißen Pferde, auf deren Rücken sich in der Domaine de la Palissade [**P10**] ein noch ursprüngliches Stück Camargue entdecken lässt (13129 Salin de Giraud, www.palissade.fr).

(3) Monte-Carlo-Glamour Bei einem Wellnesstag in den Thermes Marins [**V9**] kommt man in den Genuss diverser Thalassoanwendungen und planscht mit Meerblick im Salzwasserpool (2, av. de Monte-Carlo, 98000 Monaco, www.thermesmarinsmontecarlo.com, ab 150 €).

(4) Dorfgemeinschaft Am ersten Wochenende im Monat wird in Biot › **S. 74** der alte Gemeindeofen angeworfen. Gäste sind eingeladen, mit den Dorfbewohnern lokale Spezialitäten wie *fougassoun* zuzubereiten und natürlich auch zu kosten (Infos: www.biot-tourisme.com).

(5) Flirt mit Fischen An der Plage de la Palud auf Port Cros › **S. 67** startet ein Unterwasserlehrpfad, der Teil des Naturschutzgebiets ist – entsprechend selbstbewusst gebärden sich die Meeresbewohner (am Hafen ausgeschildert, dort auch Verleih von Schnorchelausrüstung).

(6) Entenspritztour Freiheit und französisches Savoir vivre – das verbinden 2CV-Fans mit der wackligen Blechkiste. In Aubeterre-sur-Dronne [**E5**] kann man Enten mieten und mit einem Picknickkorb im Kofferraum die Region Poitou-Charentes erkunden (Tel. 06 31 20 68 33, www.tourdecanard.com, ab 109 €).

(7) Schluchtabenteuer In La Malène [**M8**] starten Kanutouren durch den schönsten Abschnitt der Gorges du Tarn, einer wilden, von himmelhohen Felsen gerahmten Schlucht (Canoe Moulin de la Malène, 48210 La Malène, Tel. 04 66 48 51 14, www.canoeblanc.com).

(8) Pont du Gard-Plage Bei einem Ausflug zum Pont du Gard › **S. 100** bei Nîmes im Sommer nimmt man am besten Badesachen mit: 200 m vom Aquädukt entfernt werden mit einfachen Holzaufbauten am Flussufer Strände eingerichtet.

Die beste Adresse für Bouillabaisse ist das Miramar am Vieux Port von Marseille

9 Lavendelmeer Lavendelfelder umgeben den hübschen Ort Sault – auf dem 5 km langen Chemin des Lavendes spaziert man mittendurch und erfährt dabei auf Tafeln Interessantes zu Anbau und Verarbeitung (Start: Parkplatz an der D 164 [Q8], 1,3 km Richtung Mont Ventoux).

10 Ran an das Schweinchen Warum nicht mal eine ruhige Kugel in dem Ort schieben, wo Jules Le Noir 1910 das Pétanquespiel erfand: Zur Bar Les Deux Pétou [R8] in La Ciotat gehören drei Boulebahnen – den Apéro kann man mitnehmen (10, av. A. Bellon, 13600 La Ciotat).

… probieren sollten

11 Bouillabaisse Das Miramar am Vieux Port von Marseille [b2] ist die klassische Adresse für die mit *rouille* und Knoblauchbrot servierte mediterrane Fischsuppe. Küchenchef Buffa gibt auch Bouillabaisse-Kochkurse (12, quai du Port, 13002 Marseille, www.bouillabaisse.com).

12 Cannelés de Bordeaux Die köstlichen Küchlein mit knuspriger karamellisierter Kruste und saftigem Kern verlieren nach ein paar Stunden ihren ganzen Charme. Daher unbedingt ofenfrisch probieren – z. B. bei Baillardran [a2] (Galerie des Grands Hommes, 33000 Bordeaux, www.baillardran.com).

13 Banon Chèvre Der in Kastanienblätter gewickelte und mit Bast verschnürte Ziegenkäse ist ein guter Grund für einen Ausflug nach Banon. Bei La Brindille Melchio [R8] an der Hauptstraße stapeln sich die Käselaibe und von der Decke baumeln *brindilles,* ellenlange, fingerdünne Würste (04150 Banon, www. charcuterie-melchio.fr).

14 Lavendel aus der Waffel Knapp 60 Sorten Eis und über 30 Sorbets machen die Wahl nicht leicht, doch bei Fenocchio [b3] in Nizza liegt man eigentlich immer richtig. Intensiv nach Sommer und Süden schmeckt die Sorte *Lavende* (2, pl. Rossetti, 06300 Nice, www.fenocchio.fr).

Wind und Wasser verändern das Bild der riesigen Dune du Pilat täglich

15 Cassoulet Der Bohneneintopf mit Schweinefleisch, Würsten und Gänse- oder Entenconfit ist der ganze Stolz von Castelnaudary. Er ist nicht gerade eine Diätspeise, aber gewisse Opfer müssen gebracht werden (Le Tirou [J11], 90, av. Monseigneur Delangle, 11400 Castelnaudary, www.letirou.com).

16 Gewinnerweine Das Château Font du Broc [T10] bei Les Arcs produziert seit einigen Jahren prämierte Côte-de-Provence-Weine. Eine Degustation wird aber nicht nur durch die exquisiten Tropfen zum Erlebnis, sondern auch durch das fürstliche Ambiente (Chemin de la Fontaine du Broc, 83560 Les Arcs, www.chateau-fontdubroc.com).

17 Süß wie die Sünde Seit dem 16. Jh. wird in Montélimar weißer Nougat mit Mandeln und Pistazien hergestellt. Bei Arnaud Soubeyran [P7] kann man dabei zusehen und natürlich auch probieren und kaufen (Av. de Gournier, 26200 Montélimar, www.nougatsoubeyran.com).

18 Socca Die Kichererbsenfladen sind eine Spezialität aus Nizza. Bei Chez Pipo [V9] sitzt man an Bistrotischen in der Gasse und sieht durchs Fenster dabei zu, wie der Koch aus dem Holzofen riesige Bleche mit Socca zieht, die dann warm auf den Tisch kommt (13, rue Bavastro, 06000 Nice, Tel. 04 93 55 88 82).

19 Tapenade Die Paste aus Oliven, Kapern und Knoblauch schmeckt bei einem Picknick gut auf Brot. In der Ölmühle Ramade [Q7] nahe der Olivenhochburg Nyons wird sie aus besten Zutaten frisch zubereitet (7, impasse du Moulin, 26110 Nyons, http://moulinramade.com).

20 Gourmetaustern Aus Marennes am Atlantik kommen die begehrten, in Brackwasser fein geklärten *huitres verts,* deren grüne Farbe einer Alge zu verdanken ist. An Ständen kann man sie frisch und günstig probieren, auf der Terrasse von Le Buccin [B3] sitzt man dabei auch schön (6, rue des Martyrs, 17320 Marennes, Tel. 05 46 36 33 47).

… bestaunen sollten

21 Van Gogh in 3D Ein Déjà-Vu-Erlebnis beschert Malereifans der Pont de Langlois südlich von Arles [**P10**]. Vincent van Gogh malte die hölzerne Klappbrücke 1888 aus unterschiedlichen Blickwinkeln (Rue Gaspard Monge, 13200 Arles).

22 Panoramafriedhof Viele Grabmonumente auf dem alten Cimetière du Trabuquet in Menton [**V9**] sind richtige Schönheiten, aber der grandiose Blick auf die Stadt und die Küstenlandschaft übertrifft alles (Ch. du Trabuquet, 06500 Menton).

23 Literaturtempel Im 1000-Seelen-Dorf Banon lagern in der Buchhandlung Le Bleuet [**R8**] in einem Ensemble alter Häuschen 200 000 Bücher in Regalen, auf Treppen und Fensterbänken – man sieht sich als Konkurrenz zu Amazon (Pl. St-Just, 04150 Banon, www.lebleuet.fr).

24 Grüner Diamant Im Diamant Vert, dem enormen Gewächshaus des Parc Phoenix [**V9**] in Nizza, spaziert man durch sechs Klimazonen und sieht die Pflanzenwelt dabei auch mal von unten (405, prom. des Anglais, 06200 Nice, www.parc-phoenix.org).

25 Sensation aus Sand Bei Arcachon kann Europas größte Wanderdüne bestiegen werden, die Dune du Pilat [**B7**]: 3 km lang, bis zu 500 m breit und von niemandem in Zaum zu halten. 5 m kommt der riesige Sandhaufen jedes Jahr voran.

26 Fahrende Brücke Zwischen Rochefort und Échillais verbindet seit 1900 der Pont Transbordeur [**B2**] die beiden Charente-Ufer, eine einzigartige, an zwei stählernen Pylonen aufgehängte Brückengondel.

27 Quallenleuchter Ernst Haeckels berühmte Abbildungen von Medusen lieferten die Vorlage für den mit filigranen Glastentakeln versehenen Jugendstillüster im Musée Océanographique › **S. 69** von Monaco.

28 Bartträger-Trio Ein beliebtes Fotomotiv im hübschen Bergdorf Lourmarin ist die Fontaine à Trois Masques [**Q9**] an der Place du Temple, deren wasserspeiende Masken im Laufe der Jahre ellenlange Moosbärte angesetzt haben.

29 Seekühe in den Alpen Am Col des Lèques [**T9**] bei Castellane führt ein Spazierweg ins Vallée des Sirènes, vorbei an 40 Mio. Jahre alten Versteinerungen von Seekühen, die weltweit als einzigartig gelten.

30 Promizoo Vor dem Sénéquier [**T10**] in St-Tropez inszenieren sich von Bikinischönheiten umlagerte Bestbetuchte auf den Decks ihrer Jachten – schauen und knipsen ist erlaubt, streicheln hingegen nicht.

31 Korkenziehermuseum Auf dem Weingut Domaine de La Citadelle [**Q9**] ist das Musée du Tire Bouchon mit 1200 Exponaten zu besichtigen – darunter ein als Spazierstock getarntes Modell (84560 Ménerbes, www.domaine-citadelle.com).

Kosmetik mit dem Duft der Provence bekommt man bei L'Occitane

... mit nach Hause nehmen sollten

32 Bardot-Sandalen Die handgefertigten Römersandalen von K. Jacques [T10] avancierten dank Stars wie Brigitte Bardot in den 1960ern zum Must-have und sind heute ein Klassiker (28, rue Henri Seillon, 83990 St-Tropez, www.kjacques.fr).

33 Ruhige Kugel Die richtige Boulekugel für jedes Temperament und jeden Körpertyp findet man im Shop des Musée de la Boule [c1], das der Marseiller Hersteller La Boule Bleue jüngst im Panier-Viertel eröffnet hat. Auf Wunsch wird auch der eigene Name eingraviert (2, pl. des Treize Cantons, 13002 Marseille).

34 Gourmetsalz In Gruissan bei Narbonne gewinnt eine Saline [L12] Fleur du Sel. Die von der Wasseroberfläche abgeschöpfte, besonders reine Salzblume lässt Gerichte nach Sonne und Meer schmecken (Rte. de l'Ayrolle, 11430 Gruissan, www.le salindegruissan.fr).

35 Meeresbrise Erinnerungen an im Strandkorb verbrachte Tage am Atlantik rufen die Stoffe und Heimtextilien von Jean Vier [A11] aus gestreiftem baskischem Leinen wach (48, rue Gambetta, 64500 St-Jean-de-Luz, www.jean-vier.com).

36 Obelix-Snack Luftgetrocknete Wildschweinschinken und -würste sind die Spezialität der Charcuterie Catalane Bonzom [J14] in Saillagouse westlich von Perpignan (9, rte. d'Estavar, 66800 Saillagouse, www. charcuterie-catalane-bonzom.com).

37 Provencedüfte In Manosque hat der Kosmetikhersteller L'Occitane [R9] seinen Sitz. Nach einer Führung durch Fabrik und Gärten kann man im Shop Produkte wie die Crème précieuse zum Vorzugspreis erwerben (ZI Saint Maurice, 04100 Manosque, www.loccitane.com).

38 Seegraspapier Nicht weit von Carcassone stellt die Moulin à Papier de Brousses [J11] mit Baumwolllumpen und Pflanzenzellulose handgeschöpftes Papier her und verkauft es auch. Das zartgrüne Papier verdankt seine Farbe Seegras, das zartblaue alten Jeans (11390 Brousses-et-Villaret, www.moulinapapier.com).

39 Indigoblau In der Keramikhochburg Moustiers Ste-Marie findet man bei La Mòstra de l'Estela [S9] Arbeiten von Künstlern wie Chantal Césure, die Indigobatik diverser Völker in fantasievolle Glasuren übersetzt (Rue Fouque, 04360 Moustiers, www.mostra-moustiers.com).

40 Ibiza-Bag Die lässigen Taschen aus Palmblatt für den Strand werden in der Palais d'Osier Vannerie [c3] in Nizza von Hand geflochten und erleben ganz sicher auch noch den nächsten Urlaub (3, rue de la Préfecture, 06300 Nice).

41 St-Trop-Look Ideal ergänzt wird das Strandoutfit durch Schmuck des Marseiller Designers André Gas [b3], inspiriert von den Glücksarmbändern der Hippies und der Farbvielfalt Indiens (106, rue Paradis, 13006 Marseille, www.gasbijoux.com).

… bleiben lassen sollten

42 Küstenstraße am Wochenende Im Hochsommer verzichtet man auf der Küstenstraße zwischen St-Tropez und Menton besser auf Wochenendausflüge mit dem Auto – in der Regel herrscht Verkehrschaos.

43 Zündeln Hunderte Hektar Wald fallen jedes Jahr Bränden zum Opfer – Schuld sind nicht nur Brandstifter, sondern auch Gedankenlose, die brennende Zigarettenkippen aus dem Autofenster werfen oder nach einem Picknick Glasflaschen auf dem Boden liegen lassen.

44 Käsegemetzel In einem Land, das stolz auf seine Käsekultur ist, sollte man keinen Käseteller ordern, ohne die wichtigste Regel zu kennen: Käse wird nie tangential geschnitten, sondern so, dass jeder ein Stück vom Kern bekommt.

45 Baguette schneiden Das zum Essen gereichte Brot wird nicht mit dem Messer traktiert, sondern mit der Hand gebrochen. Bei allen anderen Speisen, auch bei Obst, gilt jedoch: Besteck benutzen!

46 Sturm auf den Restauranttisch Selbst in einem wenig frequentierten Lokal setzt man sich nicht einfach an den erstbesten Tisch, sondern wartet geduldig, bis einem der Ober einen Platz zuweist.

47 Englisch drauflosplaudern Die sprichwörtliche Unhöflichkeit der Franzosen stellt sich meist dann ein, wenn man sie umstandslos auf Englisch oder Deutsch anspricht. Ein paar Grußworte in der *langue plus belle du monde* gestalten den Umgang wesentlich harmonischer.

48 Einsilbigkeit Einem allein etwas plump daherkommenden »Oui« oder »Non« bzw. »Bonjour« verleihen Franzosen durch das Anhängen von »Madame« und »Monsieur« weltmännische Eleganz.

49 Küsschen, Küsschen Franzosen gehen mit Wangenküssen weitaus sparsamer um, als man gemeinhin denkt. Wenn man sich noch nicht gut kennt, bleibt man fürs Erste besser beim Handschlag.

50 Den Atlantik unterschätzen An der Atlantikküste können Strömungen selbst erfahrene Schwimmer in Gefahr bringen. Man sollte daher nur an bewachten Stränden und bei grüner Flagge baden.

Die ganze Welt
von POLYGLOTT

Mit POLYGLOTT ganz entspannt auf Reisen gehen. Denn bei über 150 Zielen ist der richtige Begleiter sicher dabei. Unter www.polyglott.de finden Sie alle POLYGLOTT Reiseführer und können ganz einfach direkt bestellen. GUTE REISE!

Meine Reise, meine APP!

Ob neues Lieblingsrestaurant, der kleine Traumstrand, die nette Boutique oder ein besonderes Erlebnis: Die kostenfreie App von POLYGLOTT ist Ihre persönliche Reise-App. Damit halten Sie Ihre ganz individuellen Entdeckungen mit Fotos und Adresse fest, verorten sie in einer Karte, machen Anmerkungen und können sie mit anderen teilen. So wird Ihre Reise unvergesslich.

Mehr zur App unter www.polyglott.de/meineapp und mit dem QR-Code direkt auf die Seite gelangen

Die Gutscheinaktion läuft mind. bis 01.01.2017. Veranstalter der Aktion: rent-a-guide GmbH

Geführte Tour gefällig?

Wie wäre es mit einer spannenden Stadtrundfahrt, einer auf Ihre Wünsche abgestimmten Führung, Tickets für Sehenswürdigkeiten ohne Warteschlange oder einem Flughafentransfer? Buchen Sie auf **www.polyglott.de/tourbuchung** mit rent-a-guide bei einem der deutschsprachigen Guides und Anbieter weltweit vor Ort.

Clever buchen, Geld sparen mit **Gutscheinaktion** unter www.polyglott.de/tourbuchung

www.polyglott.de

Was steckt dahinter?

Die kleinen Geheimnisse sind oftmals die spannendsten. Wir erzählen die Geschichten hinter den Kulissen und lüften für Sie den Vorhang.

Wieso hängt über Moustiers Ste-Marie ein goldener Stern?

Über der Schlucht von Moustiers Ste-Marie hängt an einer fast 200 m langen Kette ein goldener Stern zwischen den Felsen. Er soll sich schon seit Jahrhunderten dort befinden und wird immer wieder erneuert. Um seine Herkunft ranken sich zahlreiche Legenden – einige verweisen auf Liebesgeschichten, andere auf den Templerorden. Die plausibelste Erklärung besagt, dass ein heimkehrender Kreuzritter den Stern zum Dank dafür anbringen ließ, dass er nach langen Jahren der Gefangenschaft im Heiligen Land endlich seine verloren geglaubte Heimat wiedersehen durfte. Sie gibt aber keine Antwort auf die Frage, wie man die Kette in solcher Höhe befestigen konnte …

Weshalb wird Nîmes auch als Heimat der Jeans bezeichnet?

Im 18. und 19. Jh. entwickelte sich Nîmes zu einem bedeutenden Zentrum der Textilproduktion. Der hier produzierte Serge de Nîmes, ein weicher und gleichzeitig widerstandsfähiger Stoff, war gefragt und wurde in viele Länder exponiert. Besonders in Amerika fanden die Stoffe aus Nîmes (de Nîmes = Denim) reißenden Absatz: 1849 brach in Kalifornien der Goldrausch aus und die Goldgräber benötigten bei ihrer harten Arbeit strapazierfähige Kleidung. Der deutsche Auswanderer Levi Strauss verarbeitete Denim in San Francisco zu jenen an den Taschen mit Nieten verstärkten Hosen, die dann ihren Siegeszug rund um den Globus antraten. Den Namen Jeans verdanken sie der Hafenstadt Genua (frz. Gênes), von der aus die Kaufleute den Stoff nach Amerika exportierten.

Warum steht bei Notre Dame de la Garde in Marseille ein Panzer?

Der Hügel, auf dem sich die Kathedrale erhebt, war als höchster Punkt der Stadt im Zweiten Weltkrieg hart umkämpft, wovon noch heute Einschussspuren zeugen. Starke deutsche Verbände hatten sich hier oben verschanzt, gegen die die Résistance nichts ausrichten konnte. Erst am 28. August 1944 rückten freifranzösische Verbände in die Stadt ein, denen es schließlich gelang, Marseille zu befreien. Der heute auf der Place du Colonel Edon abgestellte Panzer Jeanne d'Arc wurde während der Kämpfe von der deutschen Artillerie zerschossen. Alljährlich am 28. August findet um ihn herum eine Gedenkveranstaltung zur Erinnerung an den Tag der Befreiung statt. Im Inneren der Kathedrale ist eine Tafel angebracht, auf der die Gläubigen der Schutzpatronin Marseilles für ihre Rettung danken.

Die Festungsstadt Carcassonne war
im Mittelalter eine Hochburg der Katharer

REISE-PLANUNG & ADRESSEN

Die Reiseregion im Überblick

Kein anderer Landesteil bietet Urlaubern eine so große Vielfalt wie der Midi. Viele der schönsten Landschaften Frankreichs sind hier zu finden, auf Aktivurlauber wartet ein breites Betätigungsfeld.

Sonnenanbeter und Wasserratten kommen an traumhaften Stränden mit azurblauem Wasser auf ihre Kosten. Aber den besonderen Reiz der zwischen Atlantik, Alpen, Mittelmeer und Pyrenäen liegenden Region machen nicht nur Naturschätze aus. Hinzu kommen pulsierende Metropolen wie Marseille, mittelalterliche Städte, verträumte Bergdörfer, antike Monumente, moderne Architektur und hochkarätige Museen.

Im Südosten des Landes zwischen der Schweizer Grenze und dem Hinterland der Riviera bilden die **Alpen** in den beiden Regionen Rhône-Alpes und Provence-Alpes-Côte d'Azur nicht nur das topografische Dach Frankreichs, sondern gleichzeitig ein Gebiet, das für Aktivurlauber fast unbegrenzte Möglichkeiten bietet. Wer es geruhsamer mag, unternimmt ausgedehnte Wanderungen über Almen und durch verträumte kleine Bergdörfer. Traditionsreiche Thermalbäder wie Aix-les-Bains laden zum Entspannen ein, städtisches Flair verbreitet die alte Universitätsstadt Grenoble, das boomende Zentrum der Region.

Weiter südlich schließt sich zwischen Marseille im Westen und der italienischen Grenze im Osten die berühmte **Côte d'Azur** an. Vor über 100 Jahren ließ sich um die Zentren Nizza und Cannes die britische Aristokratie von milden Wintertemperaturen verzaubern. Viele Maler erwählten den Küstenstrich zum Freilichtatelier – ihre Hinterlassenschaften sind in hochkarätigen Kunstmuseen, Kirchen und Kapellen zu entdecken. Mittlerweile geben in den mondänen Badeorten nicht mehr Lords und Edelleute den Ton an, sondern Industriebosse, Jetsetapostel und Leinwandstars. Musste die Beschaulichkeit der Côte über die Jahrzehnte auch touristischen Auswüchsen weichen, findet man doch vor allem im Hinterland immer noch wohltuende Provinzialität, die in über Straßen gespannten Wäscheleinen und nach Käse duftenden Altstadtmärkten zum Ausdruck kommt.

In der Altstadt von Menton

Aufeinanderfolge wildromantischer Felsbuchten: die Calanques bei Marseille

Auf der Autoroute du Soleil (A 7) nach Südfrankreich reisende Urlauber lernen ihr Zielgebiet häufig zuerst im **Rhône-Tal** und der **Provence** kennen. Abseits der Autobahn erstrecken sich sattgrüne Weinberge um noble Schlösschen und verschlafene Landstriche, in denen es im Hochsommer unverkennbar nach Lavendel und wilden Kräutern duftet. Auf Kunstfreunde warten mittelalterliche Dörfer, würdige Zisterzienserabteien und alte Römerstädte, Naturwunder wie die beeindruckende Wasserlandschaft der Camargue und die atemberaubende Ardèche-Schlucht lassen sich zu Fuß, zu Pferd oder mit dem Kanu entdecken. Auf bunten Märkten und in vielen guten Restaurants kann man in den kulinarischen Genüssen schwelgen, welche die sonnenverwöhnte Erde der Region hervorbringt.

Das **Languedoc** und die **Cevennen** sind vor allem bei Bade- und Natururlaubern beliebt. Von der Rhône-Mündung bis zu den Pyrenäen reihen sich am Golf von Lion Dutzende Sandstrände aneinander, an denen sich moderne Ferienkolonien mit traditionellen Fischerdörfern abwechseln. Wer nach Sonne, Sand und Meer Abwechslung sucht, findet im Hinterland romanische Kreuzgänge alter Klöster oder lässt sich im mittelalterlichen Carcassonne durch enge Pflastergassen treiben. Auch die ungezähmten Berglandschaften der Cevennen mit wildromantischen Schluchten, von Wind und Wetter gebürsteten Hochflächen und steinalten Ortschaften bilden ein ideales Kontrastprogramm.

Wie ein gewaltiger, steinerner Wall trennen die **Pyrenäen** Frankreich von der Iberischen Halbinsel. Dass dieses über 3000 m hohe Gebirge mit wunderbaren Wanderpfaden und attraktiven Wintersportmöglichkeiten weniger natürliche Grenze als vielmehr kulturelle Nahtstelle ist, beweisen Dorfbewohner hüben wie drüben nicht nur mit der Baskenmütze als traditioneller Kopfbedeckung, sondern auch mit ihrer Sprache und mit Bräuchen, denen man von Perpignan bis nach Bayonne in Städten und Bergdörfern begegnet. Von der wechselhaften Geschichte der Region künden die Ruinen trutziger Katharerburgen und mauerumwehrte Städte.

Im **Südwesten** erstrecken sich südlich der Metropole Bordeaux die längsten Atlantikstrände Europas mit weiten Dünenlandschaften und traumhaften Ausblicken aufs blaue Meer. Dahinter wachsen auf sandigem Boden ausgedehnte grüne Pinienwälder. Im Hinterland der Atlantikküste lässt das milde Klima ausgezeichnete Weine gedeihen, die zu den gastronomischen Spitzenleistungen passen, die etwa das Périgord zum kulinarischen Paradies gemacht haben. Prähistorische Stätten wie die Höhle von Lascaux mit ihren jungsteinzeitlichen Felsmalereien, mittelalterliche Wehrdörfer, Schlösser und Burgruinen säumen liebliche Flusstäler. Von der einstigen großen Bedeutung der Wallfahrt nach Santiago de Compostela, im Hohen Mittelalter eine Massenbewegung, zeugen Brücken, Hospize, Kirchen und Klöster.

Daran gedacht?

....

Einfach abhaken und entspannt abreisen

- ☐ Reisepass / Personalausweis einstecken
- ☐ Flug- / Bahntickets
- ☐ Fahrzeugpapiere
- ☐ Straßenkarten Südfrankreich und Navi
- ☐ Kreditkarte (ggf. PIN, getrennt aufbewahren)
- ☐ Ladegeräte und Netzkabel für Handy, Tablet, Kamera
- ☐ Medikamente
- ☐ Sonnenschutzmittel
- ☐ Sitter für Haustiere und Pflanzen beauftragen
- ☐ Leeren des Briefkastens organisieren
- ☐ Zeitungsabo umleiten bzw. abbestellen
- ☐ Wasserhaupthahn abdrehen
- ☐ Fenster schließen

Klima & Reisezeit

Südfrankreich wird klimatisch sowohl vom Mittelmeer als auch vom Atlantik beeinflusst. In manchen Gebieten führt der Übergang von einer Einflusszone zur anderen zu einer drastischen Änderung der Vegetation auf wenigen Kilometern.

Von Ende März bis Ende Oktober kann man in der gesamten Region mit vorwiegend sonnigem und warmem Wetter rechnen. In der Hauptsaison (Juli/August), wenn ganz Frankreich in die Ferien fährt, sind die Strände am gesamten Mittelmeersaum und an der südlichen Atlantikküste hoffnungslos überfüllt, in den Küstenorten bilden sich regelmäßig Verkehrsstaus. Vor allem am 15. August (Mariä Himmelfahrt) wird die Parkplatzsuche zur Qual, die spontane Suche nach einer Unterkunft zum hoffnungslosen Unterfangen. Wesentlich ruhiger geht es vor bzw. nach Beginn der Hauptsaison zu, Winterflüchtlinge genießen an der Côte d'Azur schon im März warme Tage. Zum Baden ist es dann allerdings noch etwas zu früh.

Auch in den Bergregionen muss man in der Hauptsaison mit vollen Hotels und überlaufenen Sehenswürdigkeiten rechnen. Alpen, Pyrenäen und die Vulkanregionen der Auvergne entfalten ihren Zauber besonders im Herbst bei stabilen Wetterlagen. Das gilt auch für die großen Weinbauregionen im Südwesten. Ab November herrschen in den Alpen und Pyrenäen gute Bedingungen für Wintersportler.

Wer Provence-Metropolen wie Aix-en-Provence, Arles, Avignon und Nîmes im Mai oder Juni einen Besuch abstattet, vermeidet den touristischen Belagerungszustand, der sich ab Juli einstellt. Am schönsten sind Farben und Licht der Provence aber im Herbst, wenn nicht mehr ganz so hohe Temperaturen wie im Hochsommer herrschen.

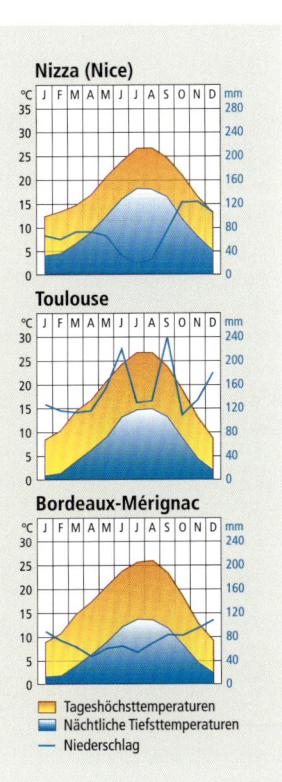

Tageshöchsttemperaturen
Nächtliche Tiefsttemperaturen
Niederschlag

Anreise

Mit dem Flugzeug

Die Flughäfen von Lyon, Marseille, Nizza, Toulouse und Bordeaux werden von internationalen Gesellschaften wie Lufthansa (www.lufthansa.com) und Air France (www.airfrance.de) regelmäßig direkt angeflogen. Darüber hinaus finden sich kleinere nationale Flughäfen in Biarritz, Pau, Lourdes / Tarbes, Carcassonne, Perpignan, Montpellier, Nîmes, Toulon / Hyères und Cannes / Mandelieu. Sie sind nur via Paris oder Lyon erreichbar.

Auch Discount-Airlines bedienen Südfrankreich. So fliegt z. B. Air Berlin (www.airberlin.com) von mehreren deutschen Städten aus nach Nizza, Germanwings (www.germanwings.com) nach Toulouse, Nizza, Montpellier und Marseille. Ryanair (www.ryanair.com) fliegt von Frankfurt/Hahn nach Montpellier und von Düsseldorf/Weeze nach Beziers.

Mit der Bahn

In den Sommermonaten bestehen mehrere direkte Nachtverbindungen nach Südfrankreich, bei denen Liege- und Schlafwagen eingesetzt werden. Ansonsten führt der Weg meist über Paris. Von der Gare de Lyon sind fast alle Regionen Südfrankreichs mit reservierungspflichtigen Hochgeschwindigkeitszügen (TGV) schnell zu erreichen (Fahrpläne und Buchung unter www.voyages-sncf.eu oder http://de.voyages-sncf.com/de).

Südfrankreichs Küstenstraßen, die Corniches, bieten spektakuläre Aussichten

Mit dem Auto

Von Paris führen sowohl durch das Rhône-Tal (A 7) als auch über Poitiers und Bordeaux (A 10) große, meist gebührenpflichtige Autobahnen Richtung Süden. Von Marseille geht es auf der A 8 über Aix-en-Provence zur Côte d'Azur, auf der A 9 über Nîmes und Montpellier nach Narbonne. Narbonne ist über die A 61 mit Toulouse verbunden, von dort gelangt man auf der A 62 nach Bordeaux oder auf der A 64 nach Bayonne (Routenpläne und Kostenberechnung unter www.viamichelin.de oder www.autoroutes.fr).

Reisen im Land

Mit der Bahn

TGV-Verbindungen verlaufen von Lyon durch das Rhône-Tal nach Marseille und von dort über Toulon nach Nizza bzw. über Nîmes und Montpellier nach Perpignan. Eine andere wichtige Nord-Süd-Strecke verbindet Paris über Poitiers und Bordeaux mit Biarritz. Am Schienenweg des TGV zwischen Atlantik und Mittelmeer liegen die Bahnhöfe von Lourdes und Toulouse (Fahrpläne: http://de.voyages-sncf.com/de, Nahverkehrsverbindungen unter www.sncf.com/fr/trains/ter bzw. http://reiseauskunft.bahn.de zu innerfranzösischen Strecken).

Mit dem Bus

Die Verbindungen zwischen den größeren Städten sind gut, in ländlichen Gebieten verkehren die Busse seltener, an den Wochenenden teils gar nicht. An vielen Bahnhöfen der Region ist der Guide Régional des Transports erhältlich, der einen Überblick über die wichtigsten Verbindungen bietet (www.info-ler.fr).

Mit dem Auto

Südfrankreich besitzt ein gut ausgebautes Straßennetz. Am zügigsten kommt man auf den (in der Regel mautpflichtigen) Autobahnen und den Nationalstraßen voran. Die mit D bezeichneten Departmentstraßen können schmal und holprig sein. Benzin ist etwas billiger als in Deutschland. Preisgünstige Tankstellen gibt es bei großen Supermärkten, die allerdings sonntags häufig geschlossen sind.

SEITENBLICK

Verkehrsregeln

Das Tempolimit auf Autobahnen beträgt 130 km/h, bei Regen 110 km/h, auf Landstraßen dürfen 90 km/h bzw. 80 km/h gefahren werden, innerhalb geschlossener Ortschaften 50 km/h. Die Promillegrenze liegt bei 0,5. Verkehrssündern drohen empfindliche Strafen, Ausländer werden sofort zur Kasse gebeten (man kann per Karte zahlen). Warndreieck, Warnweste und Alkoholtestset sind Pflicht.

Unterwegs mit Kindern

Mit weiten Landschaften, langen Stränden an Mittelmeer und Atlantik sowie Berggegenden abseits von Großstädten und Autoverkehr ist Südfrankreich ein ideales Ziel für Ferien mit Kindern. Für Abwechslung sorgen darüber hinaus Zoos und Aquarien, Vergnügungsparks und Spaßbäder.

gibt es in der Regel reichlich Platz und Gelegenheit, um in einer sicheren Umgebung zu spielen bzw. auf spielerische Weise das einfache Leben auf dem Land kennenzulernen. Adressen von Anbietern findet man im Internet unter www.bienvenue-a-la-ferme.com/de und unter www.toprural.de.

Ferienangebote für Familien

Orte, deren touristisches Angebot sich besonders an Familien wendet, stellen sich auf der Internetseite www.suedfrankreich-netz.de vor. Mit familienfreundlichen Angeboten – u. a. Kinderbetreuung, Animation und Kurse – wirbt auch der Ferienwohnungsspezialist **Pierre & Vacances** › S. 35.

Das ländliche Südfrankreich ist geradezu prädestiniert für **Ferien auf einem Bauernhof.** Für Kinder

Spaßbäder

Bademöglichkeiten unter freiem Himmel gibt es in Südfrankreich in Hülle und Fülle. Sollte das Wetter einmal nicht mitspielen, sorgen tropische Badelandschaften wie **Les Antilles** südlich von Cognac mit Riesenrutschen und Wellenbecken für Wasserspaß.

Doch auch bei blauem Himmel wissen Kinder die Abwechslung von Wasserparks wie **Aqualand** in Ste-Maxime und Fréjus oder **Aqua Splash** in Antibes zu schätzen.

- **Les Antilles** [D4]
  Ave. Jean Moulin
  Parc du Val de Seugne
  17500 Jonzac (südlich von Cognac)
  Tel. 05 46 86 48 00
  www.lesantillesdejonzac.com
- **Aqualand** [T10]
  Quartier Le Capou an der RN 98
  83600 Fréjus
  Tel. 04 94 51 82 51
  Route Plan de la Tour
  83120 Ste-Maxime
  Tel. 04 94 55 54 54
  Website für beide www.aqualand.fr
- **Aqua Splash** [U9]
  306, ave. Mozart
  06600 Antibes
  Tel. 08 92 42 62 26
  www.marineland.fr

Freizeitparks

Über Südfrankreich verteilen sich mehrere Erlebnisparks, in denen Kinder Geschicklichkeit beim Baumhangeln oder Mut beim Bungee Jumping beweisen können › **Special S. 33**. Daneben gibt es auch klassische Vergnügungsparks mit Fahrgeschäften wie **Walibi Sud-Ouest**. Im **OK Corral** in der Provence lassen spannende Stuntshows den Wilden Westen wieder lebendig werden.

- **Walibi Sud-Ouest** [F8]
  Château de Caudouin
  47310 Roquefort
  Tel. 05 53 96 58 32
  www.walibi.com/sud-ouest/fr
- **OK Corral** [R11]
  RN 8
  13780 Cuges-les-Pins (im Dreieck Aix-en-Provence – Marseille – Toulon)
  Tel. 04 42 73 80 05
  www.okcorral.fr

Zoos und Aquarien

Gelegenheit zu Begegnungen mit Tieren bieten u. a. ein Zoo mit Großwild, ein Wildpark mit Wölfen, eine Vogelschau mit Greifvögeln, ein Aquarium mit exotischen Fischen und ein Meerespark mit Delfinen.

- **Zoo de la Palmyre** [B3]
  17570 Les Mathes (bei Royan)
  Tel. 05 46 22 46 06
  www.zoo-palmyre.fr
- **Parc Animalier de Courzieu** [O3]
  69690 Courzieu (westlich von Lyon)
  Tel. 04 74 70 96 10
  www.parc-de-courzieu.fr
- **Le Rocher des Aigles** [H6]
  Château de Rocamadour
  46500 Rocamadour (östlich von Sarlat-la-Canéda)
  Tel. 05 65 33 65 45
  www.rocherdesaigles.com
- **Marineland** [U9]
  Hier bezog 2010 die in Nürnberg geborene Eisbärin Flocke das neue, hochmoderne Polarium in der Nachbarschaft der Schwertwale.
  306, ave. Mozart
  06600 Antibes
  Tel. 08 92 42 62 26
  www.marineland.fr

Zirkus-Workshops

Im **Château du Cirque** in Piolenc bei Orange hat der berühmte Zirkus Gruss sein festes Quartier. Von April bis September finden hier an den Wochenenden Reitvorführungen und Workshops z. B. im Seiltanzen oder Jonglieren statt.

- **Le Parc Alexis Gruss** [P8]
  RN 7 | 84420 Piolenc
  Tel. 04 90 29 49 49
  www.alexis-gruss.com

Sport & Aktivitäten

Dank seiner natürlichen Gegebenheiten mit Meeresküsten, Flüssen, Seen, Gebirgen und Schluchten ist Südfrankreich eine Region, die sportlichem Tatendrang fast keine Grenzen setzt.

Wassersport

Tauchen kann man im Unterwasser-Naturschutzpark der Insel Port-Cros, die zu den Îles d'Hyères gehört (www.divingiens.com), und an der Küste bei Port-Vendres und Banyuls südlich von Perpignan.

Kanu-, Kajak-, Wildwasser- und **Raftingtouren** machen auf den tosenden Flüssen der Provence, des Zentralmassivs und in der Auvergne viel Spaß › **Special S. 32.**

Die südfranzösische Atlantikküste ist ein Mekka für Wellenreiter

Windsurfer schätzen u. a. die Gegend bei Six-Fours südwestlich von Toulon. Surfreviere findet man auch an den Stränden der Halbinsel Giens bei Hyères, darüber hinaus auf den Alpenseen sowie auf den Gewässern im Hinterland der Provence. Bei Carro an der Côte Bleue westlich von Marseille herrschen fast das ganze Jahr über hervorragende Windverhältnisse.

Einige Strände der südfranzösischen Atlantikküste wie Lacanau-Plage und Anglet bei Biarritz zählen zum Besten, was Europa **Wellenreitern** zu bieten hat. In Moliets Plage, Seingosse, am Cap de l'Homy Plage und St-Girons Plage wurden Surfcamps eingerichtet, die Veranstalter von Surfreisen nutzen.

Wandern

Wandern ist in Frankreich so beliebt wie nie. Nützliche Wanderkarten gibt das Institut Géographique National (IGN) heraus. Die **Fernwanderwege GR** sind meist sehr gut beschildert, desgleichen die **lokalen Wanderwege PR.**

Fédération Française de la Randonnée Pédestre
• 64, rue du Dessous des Berges
  75013 Paris
  Tel. 01 44 89 93 93
  www.ffrandonnee.fr

Radfahren

Bei der geringen Verkehrsdichte in den ländlichen Regionen bieten sich für Radfahrer auf asphaltierten Nebenstraßen ideale Bedingungen für ausgedehnte Touren. In manchen Gebieten sind die Strecken auch ausgeschildert. Navarrenx westlich von Pau liegt an der Grenze zum französischen Baskenland und ist ein überregional bekanntes Mountainbikezentrum mit über 300 km gekennzeichneten Pisten in den Pyrenäenausläufern (www.tourisme-bearn-gaves.fr).

Mieträder und Mountainbikes gibt es in allen größeren Orten. Kartenmaterial erhält man bei den jeweiligen Fremdenverkehrsämtern sowie im Buchhandel. Über den Transport von Fahrrädern mit dem Zug informieren die Staatsbahnen SNCF › **S. 27.**

Golf

Die schönsten Golfplätze Südfrankreichs liegen an der Gironde und im Baskenland. Je ländlicher die Lage, desto günstiger fallen meist die Greenfees aus.

Comité Régional du Tourisme de l'Aquitaine [C6]
• 4/5, pl. Jean Jaurès
  33074 Bordeaux Cedex
  Tel. 05 56 01 70 00
  www.tourisme-aquitaine.fr

Wintersport

Die bekanntesten Skigebiete liegen bei Grenoble, in den Seealpen und in den Pyrenäen. Dort reicht das Angebot an Aktivitäten von Ski alpin über Skilanglauf, Schneeschuhtouren und Hundeschlittenfahrten bis zu Übernachtungen im Iglu und Eistauchen. Größtes Skigebiet in den Pyrenäen ist die Domaine du Tourmalet mit präparierten Pisten von 100 km Länge (www.tourmalet.com). Für Familien ist eher das in einem Bergtal gelegene St-Lary Soulan geeignet, das Richtung Spanien führt (www.saintlary.com).

In modernen Wintersportzentren liegen die Unterkünfte meist direkt bei den Liften. Tarantaise ist bekannt für seinen Skizirkus. Gemütlicher sind die gewachsenen Skiorte, wo in der Regel Pendelbusse zu den Liftstationen verkehren, wie z. B. in Serre Chevalier. In einigen Pyrenäenorten wie St-Lary und Barèges kann man Skisport mit Fitnesskuren verbinden.

Wellness

Die Kurstadt Dax nordöstlich von Biarritz schmückt sich mit dem Prädikat »Hauptstadt der Thermalkur«. 12 Thermalbäder nutzen das schwefelsaure, leicht radonhaltige Heilwasser, das vor allem bei rheumatischen Beschwerden lindernd wirken soll (www.sauna-thalasso.com). In Biarritz und anderen Orten an der Atlantikküste kann man sich mit Thalassoanwendungen wieder in Form bringen (www.tourisme-aquitaine.fr/de). In Gebirgstälern der Pyrenäen wurden mit Aquensis, Balnéa, Luzéa und Sensoria vier große Wellnesszentren mit Thermalbädern eingerichtet (www.tourisme-hautes-pyrenees.com/break-bien-etre).

Mutproben in luftiger Höhe und auf Wildbächen

Wer das unverfälschte Naturerlebnis sucht und sich sportlich betätigen möchte, kommt in Südfrankreich voll auf seine Kosten. Freizeitkicks wie Rafting- oder Kajaktouren und das Baumhangeln in Hochseilgärten üben auf viele eine große Faszination aus.

Wilde Wasser

Die Durance mit ihren wilden Nebenflüssen Clarée, Guil, Gyr und Ubaye lässt die Herzen der **Rafting-Fans** höher schlagen. Brodelnde Stromschnellen und raffinierte Verschneidungen wechseln sich ab mit idyllischen Tälern, in denen winzige Dörfchen Gelegenheit zum Verschnaufen bieten. Raftingklassiker sind der Durance-Abschnitt zwischen St-Clément und Embrun sowie der berühmte Grand Canyon du Verdon › **S. 61**.

Aufblasbare Gummiboote bieten 5 bis 8 Personen Platz. Die Anbieter stellen Equipment wie Neoprenanzüge und Helme zur Verfügung und sorgen für den Rücktransport von Mensch und Ausrüstung. Vor Tourbeginn erhalten die Teilnehmer eine ausführliche Einweisung.

Achtung: Das Wetter sollte vor und während einer Flusstour auch im Einzugsgebiet der Flüsse stabil sein. Bei Gewitter und heftigen Schauern in der Umgebung kann der Wasserstand abrupt ansteigen.

- **AN L'Aventure Nature** [T3]
Les Iles de Mâcot
73210 Mâcot La Plagne (Durance)
Tel. 04 79 09 72 79
www.an-rafting.com

- **Aboard Rafting** [T9]
  8, pl. de l'Eglise
  04120 Castellane
  Tel. 04 92 83 76 11
  www.aboard-rafting.com

In der Saison kann es in Frankreichs **Kanu- und Kajakparadies** Nr. 1, der 30 km lange Ardèche-Schlucht südlich von Montélimar, schon mal eng werden. Obwohl der Fluss bestens erschlossen ist – es gibt viele Bootsvermieter, Campingplätze und gut ausgebaute Zufahrtsstraßen – hat die grandiose Landschaft nichts von ihrem ursprünglichen Reiz verloren. Die Ardèche ist von Ende März bis Ende November befahrbar. Je nach Wasserstand kann der Trip im Frühjahr Gefahren bergen (Infos: www.kajaktour.de/ardeche.htm).

- **Les Bateaux du Pont** [O7]
  07700 St-Martin-d'Ardèche
  Tel. 04 75 04 60 85
  www.ardeche-canoes-kayaks.com
- **Alain Bateaux** [O7]
  07150 Vallon Pont d'Arc
  Tel. 06 08 33 86 22
  www.alainbateaux.com

Hochseilgärten

In einigen Abenteuerparks in Südfrankreich gehört das Baumhangeln in Hochseilgärten zu den Top-Freizeitvergnügen. Den ultimativen Kick erleben Adrenalinsüchtige in Schwindel erregenden Höhen auf Seilen und Stahlkabeln, die wie Spinnennetze zwischen Baumkronen oder Holzpfeiler gespannt sind. An den Pfeilern befinden sich kleine Plattformen, auf denen man sich ausruhen kann. Gut gesichert tastet sich der moderne Tarzan von einem künstlichen Hindernis (Taue, Stahlkabel, Strickleitern, Brücken, Balken, Netze) zum nächsten. Anfänger und Kinder können auf entschärften Parcours in geringeren Höhen über dem Erdboden üben.

- **Jungle Parc de Barcelonnette** [T7]
  Les Terres Neuves
  04400 St-Pons
  Tel. 06 86 73 37 57
  www.jungle-parc.fr
- **Indiana Forest** [T6]
  D 902 bei der Skistation Les Claux
  05560 Vars (bei Embrun)
  Tel. 06 09 52 35 62
  www.indianaforest.com
- **Serre Che Aventure** [T5]
  05240 La Salle-les-Alpes
  (bei Briançon)
  Tel. 04 92 24 90 57
  http://serrecheaventure.fr
- **Aventure Parc** [K9]
  81330 St-Pierre-de-Trivisy (bei Castres, östlich von Toulouse)
  Tel. 05 63 73 09 03
  www.aventure-parc.fr/
  st-pierre-de-trivisy

Im Jungle Parc de Barcelonnette

Unterkunft

Vom städtischen Nobelhotel bis zur einfachen Herberge auf dem Land – an Unterkünften aller Art und für jedes Budget besteht in Südfrankreich kein Mangel.

Sollte es an der Rezeption doch einmal »complet« heißen, hat man gute Chancen, im Umkreis von maximal 30 km eine Alternative zu finden. Nur im Juli/August oder während großer Festivitäten kann die Suche nach einer Unterkunft schwierig werden.

Hotels

Französische Hotels sind einheitlichen Komfortnormen entsprechend in fünf Kategorien (1 bis 5 Sterne, einfach bis Luxus) eingeteilt. Hotelketten findet man hauptsächlich an den großen Verkehrsachsen und in Großstädten. Bei der Zimmersuche hilft das Portal www.hotel-france.com mit allen staatlich klassifizierten Häusern.

Budget-Hotels

In der Regel verkehrsgünstig gelegen sind Häuser von Ketten wie Formule 1, Ibis Budget, Kyriad und Première Classe, die einfachen Komfort ohne Serviceleistungen bieten, aber sehr preiswert sind. Etwas teurer sind Campanile und Ibis mit hauseigenen Restaurants (Infos unter www.hotelformule1.com, www.louvrehotels.com und www.accorhotels.com).

Logis-Hotels

Die relativ preisgünstigen, in den meisten Fällen familiengeführten Hotels (1 bis 3 Sterne) sind an einem Schild mit gelbem Kamin auf grünem Grund zu erkennen. Man findet sie vorwiegend in kleineren Orten und auf dem Land. Angeschlossen ist oft ein Restaurant mit regionaler Küche. Der vollständige Logis-Katalog ist in Frankreich und Deutschland im Buchhandel erhältlich (Tel. 00 33/(0)1 45 84 83 84, www.logishotels.com).

Das Hotel Carlton in Cannes zählt zu den Topadressen an der Côte d'Azur

Châteaux et Hôtels Collections

Verbund von ca. 500 exklusiven Schlosshotels, umfunktionierten Herrenhäusern und Gourmetrestaurants, die selbst höchsten Ansprüchen genügen (Infos: **Châteaux & Hotels Collection,** Reservierung aus dem Ausland unter Tel. 0033/172 72 92 02, innerhalb von Frankreich unter Tel. 08 92 23 00 75, www.chateauxhotels.com).

Les Routiers

Die Fernfahrerunterkünfte stehen allen offen. Für Frankreichfans ist das Gesamtverzeichnis mit guten und zugleich günstigen Gastrotipps unentbehrlich. Den jährlich aktualisierten **Guide des Relais Routiers** mit rund 1600 Adressen bekommt man im französischen Buchhandel (www.relais-routiers.com).

Ferienhäuser und Ferienwohnungen

Urlaubsdomizile dieser Art sind sehr beliebt, doch trotz des großen Angebots sollte man frühzeitig buchen, z.B. über große Reiseveranstalter, Spezialanbieter oder bei örtlichen Fremdenverkehrsbüros

Pierre & Vacances

• Kaltenbornweg 1–3 | 50679 Köln
Tel. 0221/973 03 07 00
www.pierreetvacances.com

Inter Chalet

• Heinrich-von-Stephan-Str. 25
79100 Freiburg
Tel. 0761/21 00 77
www.interchalet.de

Camping

Wildes Campen ist in Frankreich verboten, es sei denn, man hat die ausdrückliche Erlaubnis des Grundbesitzers. Gleiches gilt für das Abstellen von Wohnmobilen. Das Land verfügt über zahlreiche private und kommunale Plätze (Verzeichnis unter www.campingfrance.com). Auf manchen werden voll ausgestattete Wohnmobile und Bungalows vermietet. Für Camping auf dem Bauernhof bekommt man Adressen bei den Fremdenverkehrsämtern › S. 153 oder örtlichen Tourismusbüros.

❗ Erstklassig

Charmant übernachten

• **Hotel La Mirande** mit Bio-Feinschmeckerküche mitten in der Altstadt von Avignon › S. 93.
• **Hotel Mas de L'Oulivie** bei Les Baux-de-Provence. Das malerisch in den Alpilles gelegene Haus ist von Lavendelfeldern und Olivenbäumen umgeben › S. 94.
• **La Bastide du Cours** im Herzen von Aix-en-Provence. Dekorationsfreudiger als in den elf Zimmern dieses reizenden Stadthotels geht es kaum › S. 95.
• **Hôtel Marquis de la Baume** in Nîmes. Historischer Charme und moderner Komfort ergänzen sich in diesem Palast aus dem 17. Jh. auf ideale Weise › S. 100.
• **Clos la Boëtie** in der Altstadt von Sarlat-la-Canéda. Romantiker können hier in fürstlichen Himmelbetten nächtigen › S. 140.

In der Sumpflandschaft der Camargue sind
neben schwarzen Stieren und rosa Flamingos
weiße Pferde die Protagonisten

LAND &
LEUTE

Steckbrief

- **Fläche:**
  ca. 260 000 m²
- **Bevölkerung:**
  23,8 Mio. Menschen
- **Küsten:** 600 km am
  Mittelmeer, ca.
  400 km am Atlantik
- **Höchste Erhebungen:**
  Balaïtous (3146 m) in den Pyrenäen;
  Mont Blanc (4807 m) in den Alpen
- **Tiefster Punkt:** Rhône-Delta
- **Regionen mit Hauptstädten:**
  Aquitaine: Bordeaux; Auvergne: Clermont-Ferrand; Languedoc-Roussillon:
  Montpellier; Limousin: Limoges; Midi-Pyrénées: Toulouse; Poitou-Charentes:
  Poitiers; Provence-Alpes-Côte d'Azur:
  Marseille; Rhône-Alpes: Lyon

- **Landesvorwahl:** 00 33
- **Währung:** Euro (€)
- **Zeitzone:** MEZ mit Sommerzeitregelung wie in Deutschland, entsprechend besteht ganzjährig kein
  Zeitunterschied.

Lage und Landschaft

Südfrankreich dehnt sich südlich einer imaginären Linie zwischen Annecy in den Alpen und La Rochelle an der Atlantikküste bis an die italienische Grenze im Osten, ans Mittelmeer und die Pyrenäen im Süden und an die Küste von Aquitanien im Westen aus.

Dass es sich bei dieser Großregion um einen landschaftlich sehr vielfältigen Landesteil handelt, wird schon in den Bergregionen deutlich, deren Spektrum von den schneebedeckten Gipfeln der Alpen und Pyrenäen zu den grünen Vulkankegeln der Auvergne reicht. Sehr unterschiedlich sind auch die Küsten, die sich entlang der Côte d'Azur steil und zerklüftet zeigen, während sie im Languedoc überwiegend aus langen, flachen Sandstränden bestehen. Sümpfe und Salzwasserlagunen sind charakteristisch für die Camargue, während an der Atlantikküste Dünen und ausgedehnte Pinienwälder das Bild prägen. Im Hinterland findet man fruchtbares Schwemmland wie z. B. in der Roussillon-Ebene, aber auch karge, nur spärlich mit Macchia bewachsene Hochflächen wie in den Cevennen oder der Haute Provence.

Natur und Umwelt

In Frankreich gibt es 10 Nationalparks (www.parcsnationaux.fr) und 48 regionale Naturparks (www.parcs-naturels-regionaux.fr), von denen 6 bzw. 20 im Süden liegen.

Vom Aussterben bedrohte Tierarten wurden wieder angesiedelt: Ein Beispiel sind die Gänsegeier im Naturpark der Cevennen.

Den Franzosen wird oft mangelndes Umweltbewusstsein nachgesagt. In den einzelnen Regionen gibt es jedoch zahlreiche Initiativen zum Schutz der Umwelt. Viele wollen sich von den grünen Parteien Frankreichs abgrenzen, die eher zentralistisch agieren und denen man deshalb misstrauisch begegnet.

Im Sommer zerstören immer wieder verheerende Waldbrände die trockene Vegetation. In der Folge werden die ungeschützten Böden durch Erosion abgetragen. Mit kostenintensiven Programmen zur Wiederaufforstung will man der Verödung der abgebrannten Zonen entgegenwirken. Der verbreiteten Brandstiftung durch Bodenspekulanten begegnet man neuerdings mit einer verschärften Gesetzgebung.

Viele Küstenorte haben zum Abbau der Verschmutzung des Mittelmeers Kläranlagen errichtet. Laut einer jährlichen Kontrolle des Umweltministeriums ist die Wasserqualität, von einzelnen Bereichen in Großstadtnähe einmal abgesehen, inzwischen gut.

Politik

Frankreich ist eine zentralistisch organisierte Demokratie mit einem semipräsidentiellen Regierungssystem. Der direkt vom Volk für eine Amtszeit von fünf Jahren gewählte Staatspräsident nimmt eine starke Stellung ein und ernennt u. a. den Premierminister.

Das Parteiengefüge variiert von Département zu Département. Traditionsgemäß wählt der Südwesten eher links, die Côte d'Azur hingegen konservativ, wenn nicht gar rechtsextrem. Das zeigten jedenfalls die jüngsten Ergebnisse des Front National bei den Kommunalwahlen 2014 etwa im 53 000 Einwohner zählenden Städtchen Fréjus, wo der FN-Kandidat als Bürgermeister ins Rathaus einzog. Der Wahlausgang löste in ganz Frankreich Betroffenheit aus, weil er eine Tendenz bestätigte, die sich schon seit Längerem abzeichnet: Der Rechtspopulismus ist im Land im Aufwind. In die Hände spielen ihm die anhaltend schlechte Wirtschaftslage und die auf Rekordniveau gestiegene Arbeitslosigkeit.

Wirtschaft

Die Wirtschaft Südfrankreichs besitzt im Weinanbau und Tourismus nach wie vor wichtige Säulen. Aber Industrie und Forschung holen auf. Beste Beispiele sind die Flug- und Raumfahrtunternehmen in Toulouse und Umgebung, neue Biotechnologiefirmen um Lyon und der weiter wachsende Technologie- und Wissenschaftspark Sophia-Antipolis im Hinterland von Nizza.

Noch im Bau ist der Internationale Thermonukleare Versuchsreaktor ITER (www.itercad.org) in Cadarache nordöstlich von Aix-en-Provence, der von den sieben gleichberechtigten Partnern EU, Japan, Russland, China, Südkorea, Indien und USA gemeinschaftlich entwickelt und betrieben wird.

Geschichte im Überblick

40 000–10 000 v. Chr. In der Jungsteinzeit lebt in Südwestfrankreich der Cromagnonmensch. In Grotten wie Lascaux, Niaux, Pech-Merle und Vallon-Pont d'Arc wurden seine Felsbilder gefunden. Ältester menschlicher Schädelfund in Tautavel (Pyrenäen).

600 v. Chr. Das griechische Massalia entsteht nach der Landung phokäischer Schiffe an der Stelle des heutigen Marseille.

ab 300 v. Chr. Im Süden Frankreichs leben Iberer und Ligurer. Sie vermischen sich mit den Kelten, die in die Provence eindringen.

58–51 v. Chr. Cäsar unterwirft Gallien und gliedert es dem Römischen Reich ein.

150–400 Verbreitung des Christentums in Gallien. Das Imperium Romanum zerfällt.

481–511 Am Ende der Eroberungszüge Chlodwigs I. steht der Sieg der fränkischen Merowinger.

8.–10. Jh. Araber dringen 719 in den Südwesten ein. Karl Martell stoppt ihren Eroberungszug 732. 778 unterliegen die Truppen Karls des Großen beim Überqueren des Pyrenäenpasses von Roncesvalles den Arabern.

843 Der Vertrag von Verdun teilt das Karolingerreich Ludwigs des Heiligen unter dessen drei Söhnen auf, im Südwesten herrscht Karl der Kahle, im Südosten zunächst Lothar I. Eine Sprachgrenze unterteilt Frankreich nochmals in Langue d'Oc und Langue d'Oïl.

11. Jh. Die Initiative zu Kreuzzügen geht von Frankreich aus. Von Aigues-Mortes legen die Schiffe in Richtung Heiliges Land ab.

12./13. Jh. Die Verweltlichung der römischen Kirche führt ab Mitte des 12. Jhs. zu Reformbestrebungen. Papst Innozenz III. und der französische König verbünden sich zum Kreuzzug gegen die Albigenser, deren Zentren u. a. Toulouse, Carcassonne und Albi sind. 1229 endet der Krieg und hinterlässt das Land verwüstet. 1271 fällt das Languedoc an Frankreich.

1152 Eleonore von Aquitanien heiratet Heinrich von Plantagenet, Graf von Anjou und später König von England. Ihre Besitzungen, die Guyenne, die Gascogne und das Poitou, fallen so unter englische Herrschaft. Dies führt zu Kämpfen zwischen England und Frankreich, zuletzt zum Hundertjährigen Krieg.

14. Jh. Philippe IV. lehnt sich gegen den universalen Herrschaftsanspruch des Papsttums auf. Er zwingt Papst Clemens V. 1309, seinen Sitz in Avignon einzurichten, das fast 70 Jahre lang Residenz des Gegenpapstes bleibt.

15. Jh. Nach dem Ende des Hundertjährigen Krieges machen Marodeure das Land unsicher und gefährden den Handel.

16./17. Jh. Die Kolonien verhelfen zu ungeahntem wirtschaftlichem Aufschwung. Die südfranzösischen Häfen gewinnen an Bedeutung.

1610–1685 Louis XIV. widerruft das Edikt von Nantes. Viele der für Frankreichs Ökonomie wichtigen Hugenotten gehen ins Exil.

1789 Die Französische Revolution setzt sich auch im Süden durch.

1799 Napoleon übernimmt die Macht als erster Konsul, wird 1805 Kaiser und 1814 abgesetzt.

1815 Napoleon kehrt aus der Verbannung auf Elba über Cannes und Grenoble nach Paris zurück.

1860 Nizza und Savoyen werden nach einem Plebiszit Frankreich angeschlossen.

1914–1918 Der Erste Weltkrieg fordert auch in Südfrankreich viele Opfer.

1939–1945 Die deutsche Wehrmacht besetzt große Teile Frankreichs. Vichy wird Sitz der mit der Besatzungsmacht kollaborierenden Regierung Pétain. Im August 1944 wird Südfrankreich von den Alliierten befreit.

2004 Mit dem Viaduc du Millau wird die höchste Autobahnbrücke der Welt dem Verkehr übergeben.

2007 Nach seinem Sieg bei der Stichwahl am 6. Mai wird der Konservative Nicolas Sarkozy neuer Staatspräsident.

2008 Der 1940 in Nizza geborene Jean-Marie Gustave Le Clézio erhält den Nobelpreis für Literatur.

2012 Der Sozialist François Hollande gewinnt im Mai die Präsidentschaftswahlen in Frankreich.

2013 Marseille ist europäische Kulturhauptstadt.

2015 Der Küstenort Golfe-Juan bei Vallauris feiert den 200. Jahrestag der Landung Napoléons auf der Rückreise von der Insel Elba.

Die Menschen

Kelten, Griechen, Römer und Sarazenen haben ihre Spuren in der Region hinterlassen, die zuerst von Iberern und Ligurern besiedelt war. Viele Völker, unterschiedliche Religionen und verschiedenste Geistesströmungen fanden in Südfrankreich zusammen und konnten in einem politischen Klima relativer Toleranz über Jahrhunderte gedeihen.

Umso schmerzlicher erscheint daher der Niedergang des Herrscherhauses der Grafen von Toulouse im 12./13. Jh. Die religiöse Bewegung der Katharer lieferte dann dem französischen König einen guten Anlass, den blühenden Süden seinem nordfranzösischen Reich einzuverleiben. Unter der Monarchie gingen im Lauf der Zeit viele regionale Eigenständigkeiten verloren. Vereinheitlichend wirkten sich insbesondere der Absolutismus von Louis XIV. und der Despotismus Napoléons aus. Der damals entstandene Zentralismus zeigt bis heute seine Folgen. Besonders die Landbevölkerung spricht mit ironischen Untertönen von der Landeshauptstadt und empfindet tiefes Misstrauen gegenüber der Zentralregierung.

Auch in der jüngeren Vergangenheit zog Südfrankreich Zuwanderer unterschiedlichster Nationalitäten an. Im 19. Jh. waren es vorwiegend Italiener, in der ersten Hälfte des 20 Jhs. ließen sich verstärkt Spanier und Portugiesen nieder und nach der Unabhängigkeit der Kolonien in Französisch-Nordafrika Algerier, Marokkaner und Tunesier.

Muslime aus dem Maghreb stellen heute in vielen Großstädten einen nicht unerheblichen Bevölkerungsanteil. Ihre Religionsausübung bringt sie zuweilen in Konflikt mit dem französischen Laizismus (Trennung von Religion und Staat), so löst das Tragen von Kopftüchern in staatlichen Schulen immer wieder Kontroversen aus. Religiöse Radikalisierung und Bandenkriminalität sind heute Probleme, mit denen fast jede Stadt des Midi zu kämpfen hat. In ihnen manifestiert sich eine gescheiterte Integrationspolitik: Viele Jugendliche aus dem Maghreb sind arbeitslos und haben keine Zukunftsperspektive.

Kunst & Kultur

Vorgeschichtliche Zeit

Südfrankreich rühmt sich, im Besitz einiger der frühesten künstlerischen Äußerungen des Menschen zu sein: Vor allem die Dordogne ist reich an Höhlenmalereien aus der späten Altsteinzeit. An zum Teil schwer zugänglichen Stellen malten die Menschen geometrische Muster und Tiere auf die oft unebenen Felswände. Wahrscheinlich waren religiöse Vorstellungen die Triebfeder für die künstlerische Betätigung.

Griechen und Römer

Nur spärlich sind Reste griechischer Architektur erhalten, die man meist unter römischen Ruinen suchen muss, so etwa im ersten Hafen von Marseille oder in den Ausgrabungen von Glanum in den Alpilles. Römische Monumentalbauten dagegen prägen noch heute die Zentren provenzalischer Städte wie Arles, Nîmes und Orange, und die Theater und Arenen werden wieder benutzt. In Vienne und Nîmes blieben schöne Beispiele römischer Tempel erhalten. Eine Meisterleistung römischer Ingenieure ist der Pont du Gard, Kernstück eines Äquadukts, das einst Quellwasser aus den nahen Bergen nach Nîmes brachte.

Romanik und Gotik

Romanische Architektur und Plastik sind im Midi auf vielfältige Weise vertreten: Während man in Toulouse und in den Klöstern am Nordhang der Pyrenäen ihre Entstehung studieren kann, zeigt die Provence, wo man sich stark an antiken Vorbildern orientierte, die Spätphase des Stils. Die Gotik wurde Südfrankreich fast wie eine fremde Kultur aufgezwungen und nach dem Anschluss des Languedoc an Frankreich als Baustil der Kapetinger propagiert. In Narbonne, Toulouse und auch in Limoges wurde mit dem Bau neuer Kathedralen begonnen. Erst später gelangen eigenständige südfranzösische Schöpfungen. Einer der größten profanen Baukomplexe der Gotik ist der Papstpalast in Avignon. Seine Innenausstattung spiegelt italienische Einflüsse wider, denn die Päpste, selbst französischer Abstammung, bevorzugten zeitgenössische Maler aus Italien wie Simone Martini und Matteo Giovanetti.

Meisterleistung antiker Baukunst: der Pont du Gard bei Nîmes

Die Bastiden

Eine Antwort auf die harten Lebensbedingungen während der Auseinandersetzungen zwischen England und Frankreich waren die Bastiden, die im 13./14. Jh. in Aquitanien gleich massenhaft aus dem Boden gestampft wurden. Diese kleinen, stark befestigten Städte mit rechtwinkligem Straßennetz, Kirche und zentralem Marktplatz (oft mit hölzernen Hallen) dienten als Fluchtburgen und sollten die teilweise mit Privilegien ausgestattete Bevölkerung im Grenzgebiet halten bzw. anziehen. Carcassonne › S. 113 oder auch Montauban › S. 142 sind bekannte Bastiden.

Neuzeit

Während der Wiederaufbauphase nach dem 1453 beendeten Hundertjährigen Krieg wurden die letzten Gebäude in spätgotischem Stil errichtet, bevor die Renaissance Einzug hielt. Doch machte sich nun der Einfluss der Zentralmacht in Paris bemerkbar, unter dem die südfranzösische Kunst spürbar an Originalität einbüßte. Spätestens seit dem Regierungsantritt von Louis XIV. waren der Hof und Paris tonange-

Bedeutung der Wallfahrt

Im 11. und 12. Jh. verbanden verschiedene Routen des Pilgerwegs nach Santiago de Compostela in Spanien bedeutende Wallfahrtsorte. Von der spirituellen und wirtschaftlichen Bedeutung der Wallfahrt zeugen allein die Ausmaße der Kirchen, deren Baumeister vor allem regionalen Traditionen folgten.

bend, der Midi wurde zur Provinz. Erst im 19. Jh. gelang es dem Süden, ein neues Selbstbewusstsein zu entwickeln. Das zeigen vor allem die Bemühungen um die Regionalsprachen, allen voran die Langue d'Oc, um die sich der Dichter Frédéric Mistral verdient gemacht hat (Literaturnobelpreis 1904).

Malerei

Die Maler schätzten am Süden vor allem das Licht – und die Tatsache, dass man dort billig leben konnte. Paul Cézanne ließ sich in Aix-en-Provence nieder, van Gogh ging 1888 nach Arles. Das Fischerdorf L'Estaque bei Marseille war ein beliebter Treffpunkt, wo u.a. Renoir (der sich später nach Cagnes-sur-Mer an die »Côte« zurückzog) und Georges Braque gerne arbeiteten. Eine ähnliche Rolle spielte Collioure (Roussillon) für die Fauves. Paul Signac hatte St-Tropez unter Künstlern populär gemacht. Chagall, Matisse und natürlich Picasso zog es immer wieder in den Süden, wo sie sich zeitweilig längerfristig niederließen. Der Ungar Victor Vasarély verliebte sich in Gordes, ein typisch provenzalisches Dorf auf einem Hügel, in dessen Schloss er jahrelang an seinen Kunstwerken arbeitete. Aus gutem Grund können Liebhabern der klassischen Moderne die Museen an der Côte d'Azur nicht warm genug ans Herz gelegt werden!

Architektur

Die architektonische Moderne hielt im Midi 1947 Einzug – mit Le Corbusiers Cité radieuse in Marseille. Das 17-stöckige Wohnhaus sollte dem französischen Städtebau den Weg in die Zukunft weisen. Ein städtebauliches Großprojekt der 1960er-Jahre war der Retortenbadeort La Grande Motte, bei dessen Pyramidenhäusern sich der Architekt Jean Balladur an mexikanischen Tempelanlagen orientierte › S. 111. Seit den 1980er-Jahren haben internationale Stararchitekten in Südfrankreich mehrere Projekte ausgeführt, die weltweit Aufmerksamkeit erregten › **Seitenblick links.**

! Erst- klassig

Highlights moderner Architektur

···

- **Carré d'Art in Nîmes.** Eleganter Museumsbau von Norman Foster, in dessen gläserner Fassade sich der benachbarte römische Tempel spiegelt › S. 100.
- **MuCem in Marseille.** Der kubische Bau ist an der Meerseite mit einer netzartigen Betonfassade versehen › S. 96.
- **Viertel Antigone in Montpellier.** Postmodernes Ensemble, bei dem Ricardo Bofill auf antike Bauformen zurückgriff › S. 109.
- **Viaduc du Millau.** Die atemberaubende Brückenkonstruktion entstand ebenfalls nach Plänen von Norman Foster › S. 110.
- **Tribunal de Grande Instance in Bordeaux.** Das Gerichtsgebäude von Richard Rogers macht Justiz im wahrsten Sinne des Wortes transparent › S. 132.

Feste & Veranstaltungen

Irgendwo wird in Südfrankreich immer gefeiert. Der Kalender quillt über von religiösen, kulturellen, sportlichen und kulinarischen Events. Über Termine und Programme informieren die Fremdenverkehrsämter.

Festkalender

Januar/Februar: Festival de la Bande Dessinée in Angoulême (Comicfestival, www.bdangouleme.com); **Rallye Monte Carlo** (www.acm.mc).

Februar/März: Carneval de Nice (www.nicecarnaval.com); **Zitronenfest** in Menton (www.fete-du-citron.com).

März/April: Printemps du Rire in Toulouse mit humoristischen Veranstaltungen (www.printempsdurire.com).

Mai: Filmfestspiele in Cannes (www.festival-cannes.fr); **Almauftrieb** im Aubrac (www.transhumanceaubrac.fr), **Zigeunerwallfahrt** in Stes-Maries-de-la-Mer.

Juni: Tarasque-Fest in Tarascon (www.tarascon.org); **Festival d'Aix** in Aix-en-Provence mit klassischer Musik (www.festival-aix.com).

Juli/August: Nationalfeiertag am 14. Juli; **Festival d'Art Pyrotechnique** in Cannes (Feuerwerksspektakel, www.festival-pyrotechnique-cannes.com); **Pablo-Casals-Festspiele** in Prades (www.prades-festival-casals.com); **Jazzfestival** in Antibes/Juan-les-Pins (www.jazzajuan.com); **Chorégies** in Orange (Opernfestspiele, www.choregies.fr); **Festival** in Avignon (www.festival-avignon.com); **Internationales Jazzfestival** in Marciac (www.jazzinmarciac.com); **Festival de Musique** in Menton (www.festival-musique-menton.fr); **Rencontres Internationales de la Photographie** in Arles (Veranstaltungen rund um die Fotografie, www.rencontres-arles.com); **Pelota Cesta Punta Masters** in Biarritz (Pelota-Wettbewerb, www.cesta-punta.com); **Joutes nautiques** (Fischerstechen) in Sète.

September: Marathon du Médoc bei Bordeaux (www.marathondumedoc.com); **Tanzfestival** in Lyon (www.labiennaledelyon.com).

Oktober: Frairie des Petits Ventres (gastronomisches Fest) in Limoges.

November: Foire de la St-Siffrein in Carpentras (www.foire-saint-siffrein-carpentras.com).

Dezember: Fête des Lumières in Lyon, Lichterfest mit optischen Installationen (www.fetedeslumieres.lyon.fr).

Zitronenfest in Menton

Entspannt & schöpferisch

Allein mit »Bonjour« und »Merci« oder einem gestammelten »Avez-vous … ääää« kommt man in Frankreich weder beim Einkaufen noch in der Disco sonderlich weit. Ergiebiger als schiere Vokabelpaukerei ist ein Sprachkurs vor Ort. Wer der Kultur des sympathischen Gastlandes näher kommen möchte, kann stattdessen auch Mal-, Zeichen- und Kochkurse oder ein Weinseminar buchen.

Mal- und Kreativkurse

Südöstlich von Avignon liegt bei Roussillon der Reiterhof des Malers **Edmond Freess.** Gäste können das ganze Jahr hindurch Malkurse absolvieren und in vier Zimmern unterkommen.

Zeichnen, Aquarellieren, Malen mit Erdfarben, Acryl, Gouache oder Öl, die Anfertigung von Radierungen und Litografien oder Modellieren mit Ton, Draht, Muschelkalk, Gewebe oder Gips – all diese kreativen Möglichkeiten bietet der Künstler **Ingo Hoffmann** in seinem Atelier in der Ortschaft Boulbon, die im Dreieck zwischen Avignon, Nîmes und Arles liegt.

Für die Tages- und Wochenkurse im Aquarellieren bei **Heide und Bernd Dehne-Ehninger** sind keine Vorkenntnisse erforderlich. Der Kursort Lussan liegt am Rande der Cevennen nahe der berühmten Ardèche-Schlucht.

- **Atelier Edmond Freess** [Q9]
  Rue du Jeu de Paume
  84220 Roussillon
  Tel. 04 90 05 64 68
  www.luberon-equitation.com
- **Atelier Art Provence Hoffmann** [P9]
  1, L'Andrône des Remparts
  13150 Boulbon | Tel. 04 90 43 90 92
  www.kreativurlaub.com

- **Heide und Bernd
  Dehne-Ehninger** [O8]
  Beth-Allègre
  30580 Lussan
  Tel. 04 66 72 93 74
  http://dehne.ehninger.free.fr

Sprachkurse

Der locker-familiäre Lehrbetrieb der **Dialog-Sprachkurse International** findet in gut ausgestatteten Instituten in Nizza und in Aix-en-Provence statt.

Die professionellen Sprachkurse von **Education First (EF) Düsseldorf** richten sich an alle Altersgruppen und werden in Nizza an der Côte d'Azur abgehalten.

Bei den diplomierten Lehrkräften von **ELSTA-Sprachreisen** sind die Kursteilnehmer in Montpellier und Nizza gut aufgehoben.

- **Dialog-Sprachkurse International**
  Eisenbahnstr. 41 | 79098 Freiburg
  Tel. 0761/28 64 70/76
  www.dialog.de
- **EF Düsseldorf**
  Königsallee 92a
  40212 Düsseldorf
  Tel. 0211/68 85 70
  www.ef.de
- **ELSTA-Sprachreisen**
  Robert-Koch-Str. 3
  80538 München
  Tel. 089/22 49 99
  www.elsta-sprachreisen.de

Kochkurse

Das Reich des Sternekochs Alain Llorca befindet sich in einer Ölmühle aus dem 16. Jh. In der **École du Moulin** finden zu bestimmten Terminen zweieinhalbstündige Kochkurse statt. Wer dem Meister mindestens zehn Stunden über die Schulter gesehen hat, bekommt ein Diplom.

In der charmanten **Hostellerie Bérard** im Hinterland der Côte d'Azur lernt man provenzalische Küche und Weine ganz praktisch kennen.

Die **École des Trois Ponts** residiert in einem stilvollen Anwesen nahe bei Lyon. Man lernt hier Kochen und übt sich gleichzeitig in der französischen Sprache.

- **École du Moulin** [U9]
  Notre Dame de Vie
  06250 Mougins
  Tel. 04 93 75 78 24
  www.moulindemougins.com
- **Hostellerie Bérard & SPA** [R11]
  83740 La Cadière d'Azur
  Tel. 04 94 90 11 43
  www.hotel-berard.com
- **École des Trois Ponts** [N2]
  Villa Beaulieu
  42153 Riorges Grand Roanne
  Tel. 04 77 71 53 00
  www.3ponts.edu

Weinseminare

Bei den Seminaren und Wochenendkursen der **École du Vin** des Fachverbands für Bordeaux-Weine CIVB geht es natürlich auch um trockene Theorie. Besonderes Augenmerk liegt jedoch auf der Verkostung im weltweit größten Anbaugebiet von Spitzenweinen.

- **École du Vin** [C6]
  1, cours du 30 juillet
  33075 Bordeaux
  Tel. 05 56 00 22 66
  www.bordeaux.com/fr/ecoleduvin

Essen & Trinken

Böse Zungen behaupten, eine abwechslungsreiche Küche habe in Frankreich erst im 16. Jh. mit Katharina von Medici, der italienischen Gattin von König Henri II., Einzug gehalten. Für den Süden trifft dies jedenfalls nicht zu, denn die Tradition der Esskultur reicht hier viel weiter zurück.

Heute setzt die Fast-Food-Welle amerikanischer Machart mancherorts alles daran, die traditionelle Gastronomie in Bedrängnis zu bringen, und sie hat sich vor allem in den touristischen Kerngebieten schon stark ausgebreitet. Immer mehr Gastwirte setzen jedoch zur Freude ihrer in- und ausländischen Gäste auf bewährte regionale Spezialitäten.

Spezialitäten

Im Lauf der Zeit hat sich aus so manchem Armeleuteessen eine Köstlichkeit entwickelt, wie das Beispiel *Bouillabaisse* zeigt. Ursprünglich eine simple Fischsuppe, gilt sie jetzt als Visitenkarte vieler Lokale. Aus Castelnaudary stammt das *Cassoulet,* ein einfacher Bohneneintopf, der seine gastronomischen Weihen erhielt, nachdem man ihn mit eingelegtem Gänsefleisch angereichert hatte. In den Alpengebieten verführen mit Käse gefüllte Ravioli und Nusskuchen zu Kaloriensünden.

An der Atlantikküste werden vorwiegend Fischgerichte serviert, die im Baskenland durch Paprika und Piment ihre pikante Würze erhalten. Vielerorts ist nach wie vor die krankhaft vergrößerte Gänsestopfleber beliebt. Mit Trüffeln verfeinert bezeichnet man sie als *Foie gras truffé.*

In der Provence dreht sich vieles um die Olive. Die *Tapenade,* eine Paste aus dem Fruchtfleisch von Oliven, Kräutern und Anchovis, hat einen nicht minder würzigen Geschmack als die Knoblauchmayonnaise *Aïoli.* In den Bergregionen des Languedoc gehört auf den Sonntagstisch gut gewürztes Lammfleisch, *Agneau,* oder ein Kaninchen in Senfsauce, *Lapin à la moutarde.* Im Roussillon werden am Ostermontag und an Pfingsten bei der »Cargolade« Schnecken, *Escargots,* auf dem Holzkohlengrill gegart und zusammen mit reichlich Rotwein unter freiem Himmel verspeist.

Südfrankreichs Käsevielfalt lässt die Herzen von Gourmets höherschlagen

Käse

Käse wird wie in ganz Frankreich hoch geschätzt. Für jeden Tag des Jahres eine andere Sorte: Dieser Vielfalt rühmt man sich gern. In den Kellereien von Roquefort reift der gleichnamige Blauschimmelkäse. Ähnliche Schafskäse werden in der Auvergne und auf den Hochebenen der Causses produziert.

Neben Schafen sind Ziegen zuverlässige Milchlieferanten für würzige Käsesorten. In den Pyrenäen und den Alpengebieten wird vor allem Kuhmilch zu großen Käselaiben verarbeitet. Im Aubrac sind es die gleichnamigen Kühe, die für die Basis der wichtigsten Zutat des *Aligot* sorgen, eines Pürees aus Bergkäse und Kartoffeln.

Kaffee, Wein und Pastis

Der *Apéritif* ist aus dem Leben der Südfranzosen nicht wegzudenken. Man trifft sich im Bistro, auf der Terrasse eines Cafés oder zu Hause, um mit Pastis, Porto, Muscat, Whisky oder dem in der Cognacregion verbreiteten Pineau den Appetit anzuregen. Kaffee wird als *Express* nach dem Essen getrunken.

Zum eher bescheidenen Frühstück, Croissants oder Baguette mit Marmelade, gehört ein *Café au lait*, serviert in der *Bol*. Am Abend wird manchmal eine *Infusion* oder *Tisane* (Kräutertee) bevorzugt. Der Begriff *Thé* ist dem Schwarztee vorbehalten.

Zum Essen wird üblicherweise Wein getrunken. Außer den bekannten Lagen entlang der Rhône, den Weinen der Corbières und den Bordeauxweinen aus Margaux, St-Emilion und Sauternes gibt es einige aufstrebende Gebiete, in denen edle, von Kennern geschätzte Tropfen gekeltert werden. Die Madiranweine, der sehr kräftige Bandol, einige Minervois oder ein Bergerac gehören dazu.

Den würdigen Abschluss einer Mahlzeit bildet der *Digestif,* ein Verdauungsschnaps. Beliebt sind die regionalen Weinbrände Cognac und Armagnac.

Gourmetrestaurants

- **Restaurant Louis XV.** in Monte Carlo. Hier speist man wie ein König – auch das Ambiente ist entsprechend › S. 69.
- **Bastide St-Antoine** in Grasse. In einem Landhaus aus dem 18 Jh. wird den Aromen der Provence gehuldigt › S. 77.
- **Jardin des Sens** in Montpellier. Flaggschiff-Restaurant der von Michelin prämierten Gebrüder Pourcel. Wie der Name verspricht: ein Fest für alle Sinne › S. 109.
- **Le Pavillon des Boulevards** in Bordeaux. Intimes Lokal mit schöner Gartenterrasse; Küche und Weinkarte sind gleichermaßen einfallsreich › S. 133.
- **Christopher Coutanceau** in La Rochelle. Köstlichkeiten aus dem Atlantik, gekonnt zubereitet und kunstvoll angerichtet › S. 135.

Die Calanque d'En Vau gehört zu den
schönsten Buchten der Mittelmeerküste

TOP-TOUREN
& SEHENS-
WERTES

FRANZÖSISCHE ALPEN

Kleine Inspiration

- **Grandiose Bergpanoramen** genießen bei einer Fahrt auf der Route des Grandes Alpes › S. 54
- **Baden wie einst die Römer** in den modernen Thermen von Aix-les-Bains › S. 57
- **Bei einem Paragliding-Tandemflug** über dem malerischen Lac-de-Serre-Ponçon wie auf Adlerschwingen schweben › S.60
- **Picknicken** im Schatten duftender Pinien zu Füßen der Rochers des Pénitents bei Les Mées › S. 60

Die grandiose Berglandschaft mit schroffen Gipfeln und tiefen Schluchten bildet den spektakulären Rahmen für Outdooraktivitäten, und die Boomtown Grenoble sorgt dafür, dass auch hippes Stadtleben nicht zu kurz kommt.

Obwohl auch in den französischen Alpen die Zeit nicht stehen geblieben ist, gibt es immer noch Almen voller Wiesenblumen, Kuhglockengeläut und kleine Bergdörfer, in denen mittlerweile Autos mit ausländischen Kennzeichen häufiger auftauchen als von Ochsen oder Pferden gezogene Heukarren. Die beeindruckende Berglandschaft mit ihren schroffen Gipfeln und kristallklaren Seen zieht Wanderer und Skifahrer an, mehrere Naturparks bieten seltenen Alpentieren und -pflanzen Schutz. Auf Erholung suchende warten traditionsreiche Kurorte mit modernen Thermalbädern. Neben Naturwundern wie den Gorges du Verdon, die allein schon eine Reise in diesen Landesteil rechtfertigen, gibt es auch hübsche Orte wie Briançon, Castellane und Moustiers-Ste-Marie zu sehen. Reges Stadtleben herrscht in der alten Universitätsstadt Grenoble, dem boomenden Zentrum der Region.

Touren in der Region

Tour 1 Gipfelrunde in den Hochalpen

Route: Grenoble › Alpe d'Huez › Briançon › Col d'Izoard › Col de Vars › Barcelonnette › Lac de Serre-Ponçon › Gap

Karte: Seite 54
Distanzen: 310 km; 2 Tage
Verkehrsmittel:
• Bei dieser Tour ist man auf einen Pkw angewiesen. Wer körperlich topfit ist, erobert die anstrengenden Passstraßen mit dem Rad.

Kanufahrer im Grand Canyon du Verdon

Tour-Start:
Östlich von **Grenoble** 4 › S. 58 führt die RN 91 zunächst nach **Alpe d'Huez** 5 › S. 59, ein über 21 steile Serpentinen erreichbares Etappenziel der Tour de France. Durch einsame, wunderschöne Berglandschaft führt eine Nebenstrecke über den 1999 m hohen Col de Sarenne auf die RN 91 zurück, die Durchgangsstraße im Romanche-Tal. Die hinter mächtigen Mauern liegende Altstadt von **Briançon** 6 › S. 59 sonnt sich seit 2008 in ihrer Ernennung zum UNESCO-Welterbe.

Nach der Stadtbesichtigung setzt man die Fahrt auf der im Tal der Cerveyrette verlaufenden D 902 in südöstlicher Richtung fort. Über den 2360 m hohen **Col d'Izoard,** der ebenso wie Briançon an der berühmten **Route des Grandes Alpes** liegt, fährt man weiter in den **Parc Naturel Régional du Queyras** (www.pnr-queyras.fr), ein Gebiet mit gut unterhaltenen Wanderwegen, urwüchsigen Siedlungen, Lärchenwäldern und Almen. Wildwassersportlern ist die Queyras-Schlucht ein Begriff. Über das Wintersportzentrum **Vars** bzw. den 2111 m hohen **Col de Vars** erreicht man das Städtchen **Barcelonnette 9 › S. 60** im Ubaye-Tal, das eine schier unbegrenzte Palette an Freizeitmöglichkeiten bietet. Vorbei am Stausee **Lac de Serre-Ponçon 8 › S. 60**, über dem häufig Gleit-

Touren in den Französischen Alpen

Tour 1

Gipfelrunde in den Hochalpen

Grenoble › Alpe-d'Huez › Briançon › Col d'Izoard › Col de Vars › Barcelonnette › Lac de Serre-Ponçon › Gap

Tour 2

Französische Seealpen

Digne-les-Bains › Castellane › Grand Canyon du Verdon › Moustiers-Sainte-Marie › Riez › Rochers des Mées › Digne-les-Bains

Tour 3

Parc National des Écrins

Grenoble › Le Bourg d'Oisans › St-Christophe-en-Oisans › La Bérarde › Parc National des Écrins

schirmflieger am Himmel kreisen, gelangt man nach **Gap** **7** › **S. 60** mit seiner von pastellfarbenen Fassaden geprägten Altstadt.

 # Französische Seealpen

> **Route: Digne-les-Bains** › **Castellane** › **Grand Canyon du Verdon** › **Moustiers Ste-Marie** › **Riez** › **Rochers des Mées** › **Digne-les-Bains**
>
> **Karte:** Seite 54
> **Distanzen:** ca. 170 km; 1–2 Tage
> **Praktische Hinweise:**
> • Diese Tour ist am besten geeignet für Selbstfahrer.
> • Direkt unterhalb der Rochers des Mées liegt ein Picknickplatz mit Tischen im Schatten.

Tour-Start:

Der Thermalkurort **Digne-les-Bains** **12** › **S. 61** dient als Ausgangspunkt für eine erlebnisreiche, relativ kurze Alpenrundfahrt. Erstes Etappenziel ist die mit einer hübschen Altstadt aufwartende Ortschaft **Castellane** **13** › **S. 61**, über die hoch auf einer Bergspitze die Chapelle Notre-Dame-du-Roc ein beliebtes Wanderziel bildet. Wer eine organisierte Wander- und Raftingtour durch den Verdon-Canyon unternehmen will, findet vor Ort zahlreiche Anbieter. In südwestlicher Richtung geht es anschließend weiter zum **Grand Canyon du Verdon** **14** › **S. 61**, der mit 700 m tiefsten Schlucht Eu-

ropas. Sowohl am Süd- wie am Nordrand kann man dem Naturwunder folgen und erreicht dann mit **Moustiers Ste-Marie** **15** › **S. 62** ein Bergdorf wie aus dem Bilderbuch.

Weiter westlich liegt **Riez**, ein im breiten Colostre-Tal liegendes Dorf mit zwei römischen Toren, in dessen Umgebung Bauern Lavendel anbauen. Bei **Les Mées** **11** › **S. 60** ziehen die hellen **Rochers des Pénitents** Blicke auf sich, seltsam erodierte Felsen, die schon vor langer Zeit zur Legendenbildung beitrugen. Von dort kehrt man an den Ausgangspunkt der Tour zurück.

 # Parc National des Écrins

> **Route: Grenoble** › **Le Bourg d'Oisans** › **St-Christophe-en-Oisans** › **La Bérarde** › **Parc National des Écrins**
>
> **Karte:** Seite 54
> **Distanzen:** ca. 100 km; Aufenthalt je nach Unternehmungen.
> **Praktische Hinweise:**
> • Im Juli/August gibt es dreimal täglich eine Busverbindung vom Gare Routière Grenoble über Bourg d'Oisans nach La Bérarde (www.transisere.fr). In der übrigen Zeit ist man auf den Pkw angewiesen.
> • In Bourg d'Oisans unterhält die Parkverwaltung ein Infomationszentrum. Hier starten auch geführte Touren (Maison du Parc, Rue Gambetta, Tel. 04 76 80 00 51).

Tour-Start:

Südöstlich von **Grenoble** 4 › S. 58 erstreckt sich mit dem **Parc National des Écrins** Frankreichs größter Nationalpark und zugleich eine der schönsten Landschaften der zentralen Dauphiné-Alpen (www.ecrinsparcnational.fr). Von der Strecke nach Briançon biegt südlich von **Alpe d'Huez** 5 › S. 59 die Straße D 530 nach **St-Christophe-en-Oisans** ab. Von dort sind es noch 11 km bis **La Bérarde.** Der nur in der Sommersaison über eine schmale Bergstraße erreichbare kleine Weiler liegt am Fuß der höchsten Berge der Oisans-Region, wie Meije (3983 m), Barre des Écrins (4102 m) und den drei fast 4000 m hohen Gipfeln des Ailefroide. Er bildet einen idealen Ausgangspunkt für Touren in den Écrins-Nationalpark.

Die eindrucksvolle Hochgebirgslandschaft beheimatet seltene Tierarten wie Steinbock, Steinadler und Birkhuhn und Pflanzenarten wie die Alpenakelei und das kaum noch wild blühende, distelartige Alpenmannstreu.

Verkehrsmittel

Von Genf oder von Lyon kann man über Chambéry mit dem TGV bis nach Grenoble fahren. TER-Züge verkehren zwischen Grenoble, Gap, Embrun und der Endstation Briançon. Außerdem gibt es regelmäßige TER-Zug- bzw. Busverbindungen auf der Strecke von Marseille über Sisteron und Gap bis Briançon (nähere Infos unter Tel. 08 91 70 30 00, Mo–Fr 7–19 Uhr).

Wichtige Adressen

Comité Départemental du Tourisme des Hautes Alpes
• 13, ave. Maréchal Foch | 05000 Gap
  Tel. 04 92 53 62 00
  www.hautes-alpes.net

Office du Tourisme Écrins
• Haut Vénéon | La Ville
  38520 St-Christophe-en-Oisans
  Tel. 04 76 80 50 01
  www.berarde.com

Unterwegs in der Region

Annecy 1 ⭐ [R2]

Die hübsche Stadt (53 000 Einw.) mit ihrem historischen Zentrum liegt am gleichnamigen See, der sich durch kristallklares Wasser auszeichnet und vielfältige Freizeitmöglichkeiten bietet. Zur Stadt entwickelte sich der Ort erst ab dem 12. Jh., als die Grafen von Genf eine Burg errichten ließen. Im Laufe der Jahrhunderte hat man immer wieder neue Gebäudeteile angefügt. Heute ist im Inneren das Geschichts- und Volkskundemuseum **Musée du Château d'Annecy** untergebracht, zu dem eine geologisch-mineralogische Sammlung gehört (Juni–Sept. tgl. 10.30–18 Uhr, sonst kürzer, http://musees.agglo-annecy.fr).

Auf beiden Seiten des Thiou-Kanals erstrecken sich Fußgängerzonen mit vielen Restaurants und Straßencafés. Hinter der Renaissancefassade der Kathedrale **St-Pierre** aus dem 16. Jh. verbirgt sich ein gotisches Langhaus. Auf der Insel im Thiou steht wie ein Wasserschloss das im 12. Jh. erbaute **Palais de l'Isle**, das für einige Zeit von den Genfer Grafen bewohnt war und später als Gefängnis diente.

Info

Office de Tourisme
• 1, rue Jean-Jaurès | 74000 Annecy
Tel. 04 50 45 00 33
www.lac-annecy.com

Hotel

L'Auberge du Lyonnais €€
Das freundliche Haus mit Restaurant im Altstadtkern bietet 10 alpenländisch gestaltete Zimmer.
• 9, rue de la République
74000 Annecy
Tel. 04 50 51 26 10
www.auberge-du-lyonnais.com

Palais de l'Isle in Annecy

Das **Musée Faure** zeigt die sehenswerte Impressionistensammlung des Doktors Jean Faure (1862–1942). Sie umfasst Werke von Degas, Cézanne, Sisley und Pissarro. Daneben gibt es auch eine Reihe von Plastiken zu bewundern, darunter 33 Werke von Auguste Rodin, der mit Doktor Faure eng befreundet war (10, bd. des Côtes, Mi–Mo 10–12, 13.30–18 Uhr).

Aix-les-Bains ❷ [R3]

Am schönen Lac de Bourget, dem größten natürlichen Binnensee Frankreichs, liegt die zweitgrößte Stadt Savoyens (27 000 Einw.). Die schwefelhaltigen warmen Quellen waren schon den Römern bekannt. Noch immer sind in den **Thermes Nationaux** Reste der antiken Badeanlagen zu sehen. Den Bau des modernisierten Thermalbads von 1779 verdankt der Kurort der Initiative des sardischen Königs Viktor Emanuel III. Aus der Römerzeit stammt auch der **Arc de Campanus**.

Chambéry ❸ [R3]

Die ehemalige Hauptstadt Savoyens (57 000 Einw.) erhielt im 19. Jh. durch großzügige Zuwendungen des begüterten Generals de Boigne ein neues Gesicht, besonders entlang der Hauptgeschäftsstraße **Rue de Boigne.** Sie reicht vom berühmten **Elefantenbrunnen**, der an die Rolle des Stadtmäzens als Heerführer in Indien erinnert, bis zum **Château des Ducs de Savoie** (13.–19. Jh.).

Die gotische Kirche **Ste-Chapelle** aus dem 15. Jh. soll im 16. Jh. Aufbewahrungsort des Turiner Grab-

Seilbahn zum Fort de la Bastille in Grenoble

tuchs gewesen sein. Aus dieser Zeit stammen die berühmten Glasfenster. In der Rue Croix d'Or stehen adelige Stadtpalais wie das **Hôtel de Châteauneuf** (17. Jh.). Die über einer Krypta aus der Karolingerzeit errichtete Kirche **St-Pierre-de-Lémenc** prägen romanische und gotische Bauelemente. Das regionalhistorische **Musée Savoisien** ist im ehemaligen Franziskanerkloster untergebracht (Square de Lannoy-de-Bissy, Mi–Mo 10–12, 14–18 Uhr).

In der malerischen Altstadt rund um die Place St-Léger fühlt man sich wie in Oberitalien. Vom Platz zweigen überdachte Passagen mit gepflasterten Gassen, uralten gemauerten Torbögen und metallbeschlagenen Türen ab.

Info

Office de Tourisme
- 5 bis, pl. du Palais de Justice
  73000 Chambéry
  Tel. 04 79 33 42 47
  www.chambery-tourisme.com

Hotel

Les Sirènes €€
Hotel und Restaurant in traumhafter Lage direkt am See von Aiguebelette.
- 73610 Lépin le Lac (18 km westl.)
  Tel. 06 37 88 94 25
  www.les-sirenes.fr

Grenoble 4 [R4]

Grenoble (157 000 Einw.) ist das boomende Zentrum der Region. Viele Hightechfirmen und Forschungsinstitute haben hier ihren Sitz. Der Ursprung der renommierten Universität liegt im 14. Jh.

Vom 457 m über Grenoble thronenden **Fort de la Bastille**, zu dem eine Seilbahn hinaufführt, kann man sich einen ersten Überblick verschaffen (www.bastille-grenoble.fr). Anschließend führt ein schöner Spaziergang über den Jardin des Dauphins zum **Musée Dauphinois**, einem sehenswerten Regionalmuseum, das in einem Kloster aus dem 17. Jh. untergebracht ist (30, rue Gignoux, Mi–Mo 10–18 Uhr, www.musee-dauphinois.fr).

Zwischen der Place Victor-Hugo und der Place Grenette herrscht buntes Stadtleben. In der Altstadt ist neben der Kathedrale und dem Bischofspalast das **Palais de Justice** sehenswert, früher das Ständehaus der Dauphiné.

Das **Musée de Grenoble**, drittgrößte Kunstsammlung des Landes, zeigt Gemälde vom 13. Jh. bis in die Gegenwart, darunter Werke von Renoir, Monet, Picasso und Matisse. Weitere Räume sind der ägyptischen Kunst und der klassischen

Antike gewidmet (5, pl. de Lava-
lette, Mi–Mo 10–18.30 Uhr, www.
museedegrenoble.fr).

Info

Office de Tourisme
- 14, rue de la République
  38000 Grenoble
  Tel. 04 76 42 41 41
  www.grenoble-tourisme.com

Hotel

Park Hotel €€€
Attraktives Stadthotel der gehobenen
Mittelklasse am Botanischen Garten;
50 schallisolierte Zimmer.
- 10, pl. Paul Mistral
  38027 Grenoble
  Tel. 04 76 85 81 23
  www.park-hotel-grenoble.fr

Restaurant

Café de la Table Ronde €€
Ins zweitälteste Café Frankreichs (1739)
kamen so berühmte Gäste wie Stendhal
und Rousseau.
- 7, pl. Saint-André | 38000 Grenoble
  Tel. 04 76 44 51 41
  www.restaurant-tableronde-
  grenoble.com

Alpe d'Huez ⑤ [S5]

Der Wintersportort hat es als spektakuläre Bergankunft der Tour de
France zu internationalem Renommee gebracht. In 21 Serpentinen
schlängelt sich die gut ausgebaute,
knapp 14 km lange Straße steil berg-
an bis auf eine Höhe von 1850 m.
Von der Berggemeinde bietet sich
ein überwältigender Panoramablick
auf die umliegenden Gipfel.

Briançon ⑥ [T5]

Schon auf den ersten Blick erkenn-
bar ist der Festungscharakter der
historischen **Cité Vauban,** die zum
UNESCO-Weltkulturerbe zählt. Im
Winter tobt um die Stadt im Win-
tersportgebiet Serre-Chevalier der
Skizirkus, im Sommer genießen
Wanderer das trockene Klima und
die malerische Bergwelt.

In der befestigten Oberstadt
taucht man ein in eine mittelalter-
liche Atmosphäre um Kirchen,
Springbrunnen und Portale. Die
Zwillingstürme der **Église Notre-
Dame** aus dem 18. Jh. sind eine Art
Wahrzeichen von Briançon.

Über der Stadt thront mit dem
Fort des Salettes eine von 1709 bis
1712 erbaute Wehranlage, die 1840
in eine Artelleriefestung umgewandelt wurde. Eine kühne Brückenkonstruktion ist der **Pont d'Asfeld,**
der seit 1730 in 55 m Höhe die wilde
Durance überspannt.

Hotel

Auberge de la Paix €€€
Gediegenes Altstadtquartier mit 13 be-
haglich eingerichteten Zimmern.
- 3, rue Porte Méane | 05100 Briançon
  Tel. 04 92 24 82 78
  www.hotel-aubergedelapaix.com

Restaurant

Le Rustique €€
Frische Forellen mit Roquefort, Raclette
und Fonduespezialitäten.
- 36, rue du Pont d'Asfeld
  05100 Briançon
  Tel. 04 92 21 00 10
  www.restaurantlerustique.com

Gap 7 [S6]

In dieser Stadt (41 000 Einw.) der Messen und Märkte zeigt das **Musée Départemental des Hautes-Alpes** neben archäologischen Funden das herrliche Mausoleum des Grafen von Lesdiguières, 1604 von Jean und Jacob Richier in schwarzem und weißem Marmor gearbeitet (6, ave. Maréchal Foch, Mo, Mi–Fr 14–17, Sa, So 14–18 Uhr, http://museum. hautes-alpes.fr, Eintritt frei). Raftingfans fahren 40 km östlich bis Embrun an die Durance › **Special S. 32**.

Hotel

Hotel Le Pré Vert €€
Ruhig am Stadtrand von Gap gelegenes Quartier im Stil eines Motels.
• Rue du Belle Aureille | 05000 Gap
  Tel. 04 92 52 45 84
  www.hotel-prevert.com

Lac de Serre-Ponçon 8 [S6/7]

Seit der Fertigstellung im Jahr 1961 staut ein Wehr die obere Durance zu diesem 20 km langen und bis zu 120 m tiefen künstlichen See, der nicht nur zur Erzeugung von Energie dient, sondern auch den früher am Unterlauf häufigen Überschwemmungen entgegenwirkt. Über die Jahre ist das idyllische Gewässer ein Freizeitparadies zum Baden, Segeln, Boot- und Wasserskifahren geworden. Bei **St-Vincent-les-Forts** im Südosten des Sees befindet sich eine populäre Startbasis für Paraglider und Drachenflieger.

Barcelonnette 9 [T7]

Die mit einem hübschen Kern aufwartende Ortschaft ist ein Dorado für Rafting und Kanusport auf dem Ubaye-Fluss und für Wintersport. Mehrere Veranstalter bieten zum Teil abenteuerliche Aktivitäten an. Die Cafés rund um die zentrale **Place Manuel** stellen im Sommer Tische im Freien auf.

Info

Office de Tourisme
• Place Frédéric Mistral
  04400 Barcelonnette
  Tel. 04 92 81 04 71
  www.barcelonnette.com

Sisteron 10 [R8]

Das von einer **Zitadelle** überragte Städtchen (7000 Einw.) liegt an der Grenze zwischen Dauphiné und Provence. Hier verengt sich das Flusstal der Durance am Fuß der jäh aufragenden Steilwand des Rocher de la Baume. Die engen Straßen und Treppen laden zu einem Spaziergang ein.

Les Mées 11 [S8]

In der Nähe der Ortschaft Les Mées ist ein einzigartiges Naturphänomen zu bewundern: bis zu 100 m hohe, bizarr erodierte Felsnadeln, die *Les Penitents des Mées* (Büßer von Les Mées) genannt werden. Einer Legende zufolge handelt es sich um Mönche, die vor langer Zeit als Strafe für ihre Sünden in Stein verwandelt wurden.

Steile Felswände rahmen den Durance-Durchbruch bei Sisteron

Digne-les-Bains 12 [S8]

Zerklüftetes Kalkgebirge umgibt die Hauptstadt (18 700 Einw.) des Département Alpes-de-Haute-Provence. In der Altstadt drängen sich die Häuser um die **Église St-Jérôme** (15./17. Jh.) mit einem für die Provence typischen Glockenturm. Unterhalb der Felswand von St-Pancrace sprudelt die warme Quelle, die Digne zum Titel eines Thermalbads verhalf. Lebhaftes Zentrum der Stadt ist der von Platanen beschattete Boulevard Gassendi.

Hotel

Hotel Aiglon €€
Familiengeführtes Hotel im Zentrum mit gutem regionalem Restaurant.
• 1, rue de Provence
  04000 Digne-les-Bains
  Tel. 04 92 31 02 70
  www.hotelaiglon-digne.com

Castellane 13 [T9]

Den Altstadtkern überragt ein schroffer Felsen, auf dessen Gipfel die Kirche **Notre Dame-du-Roc** thront. Dort hinauf führt ein steiler Spazierweg mit schönen Aussichtspunkten. Samstags macht ein Bauern- und Flohmarkt den Flecken zum quirligen Treffpunkt von Schau- und Kauflustigen. Castellane ist ein günstiger Startpunkt für Wander-, Kajak- oder Autotouren in die Gorges du Verdon.

Gorges du Verdon 14 ⭐ [S/T9]

Zwischen Rougon und Aiguines hat sich der Verdon-Fluss bis zu 700 m tief in weiche Kalkfelsen gegraben. Im Norden der Schlucht folgt die Route des Crêtes dem Flusslauf am

Ein spektakulär gelegenes Dorf nahe der
Verdonschlucht: Moustiers Ste-Marie

Rand des Plateaus. Zahlreiche Aussichtspunkte säumen die Panoramastraße; einer der attraktivsten liegt oberhalb des Zusammenflusses von Verdon und Baou. Am Südrand des Canyons führt die Corniche Sublime u. a. zu den Balcons de la Mescla mit grandiosem Blick in den Canyon de l'Artuby. Ein besonders großartiges Panorama bietet sich von der Brücke am westlichen Ende des Canyons, wo der Verdon in der Nähe eines Wassersportzentrums in den Lac de Ste-Croix mündet.

Hotel

Hôtel Du Grand Canyon €€
Wie ein Adlerhorst klebt das Haus am Canyonrand unweit der Balcons de la Mescla. 13 freundliche Zimmer, teils mit Balkon. Panoramarestaurant mit guter regionaler Küche.

• Falaise des Cavaliers (D 71)
83630 Aiguines
Tel. 04 94 76 91 31
www.hotel-canyon-verdon.com

Moustiers Ste-Marie 15 [S9]

Das nördlich des Lac de Ste-Croix gelegene Bergdorf beeindruckt vor allem durch seine spektakuläre Lage am Ende einer Klamm. Ein Gebirgsbach fließt mitten durch den Ort und bildet an mehreren Stufen kleine Wasserfälle. Obwohl es Besucher in der Hochsaison zum Rummelplatz machen, lohnt ein Gang durch die verwinkelten Gassen, die im Umkreis der im 12. Jh. erbauten Kirche **Notre-Dame** liegen und von Keramikläden und Restaurants gesäumt werden. Über dem Ort, der für seine Fayencen bekannt ist, liegt die kleine Wallfahrtskapelle **Notre-Dame-de-Beauvoir,** die auf einem steilen Pfad erreichbar ist. Unterwegs bieten sich immer wieder schöne Ausblicke. **50 Dinge** 39 › S. 16.

Hotel

Le Clos des Iris €
Hübsches, ruhig am Ortsrand gelegenes Anwesen aus dem 19. Jh. mit Garten sowie 9 hell und freundlich eingerichteten Zimmern.

• Chemin de Quinson
04360 Moustiers Ste-Marie
Tel. 04 92 74 63 46
www.closdesiris.fr

*Menton markiert den östlichen
Beginn der Côte d'Azur*

CÔTE D'AZUR

Kleine Inspiration

- **Auf der Insel Porquerolles** einsame Badebuchten entdecken – sogar in der Hauptsaison › S. 67
- **In Nizza** im Parc de la Colline du Château am künstlichen Wasserfall die Kühle genießen › S. 70
- **In einem der Gourmettempel von Mougins** Höhenflüge französischer Kochkunst erleben › S. 76
- **Sich bei einer Cabriofahrt** auf der Corniche de l'Estérel den Seewind um die Ohren wehen lassen › S. 77

An der Küste zwischen Menton und Cassis locken nicht nur traumhafte Strände und glamouröse High-Society-Treffpunkte, sondern auch hübsche Bergdörfer im Hinterland und die Werke berühmter moderner Künstler.

Die Côte d'Azur zwischen der italienischen Grenze im Osten und den Calanques bei Cassis gehört zu den bekanntesten Regionen Frankreichs. Dieses Renommee verdankt der Küstenstrich neben seiner grandiosen Lage am azurblauen Meer auch Jetsettreffpunkten wie St-Tropez, Cannes und Nizza, die die französische Riviera seit Jahrzehnten zum Boulevardthema machen. Darüber könnte fast in Vergessenheit geraten, dass die Côte auch noch über andere Qualitäten verfügt. Wo sonst bieten sich so fantastische Ausblicke auf eine zerklüftete Steilküste? Wo sonst warten über 80 zum Teil hochkarätige Museen auf neugierige Besucher? Wo sonst tauchen Blüten einer üppigen Vegetation die Landschaft in einen wahren Farbenrausch? Von Bilderbuchstränden und Traumbuchten zum Baden einmal ganz abgesehen. Teils noch recht beschaulich geht es im Hinterland zu, wo kleine Bergdörfer mit romantischen Gassen und guten Restaurants aufwarten.

Touren an der Côte d'Azur

Tour

Glanzlichter der Riviera

Menton › Monaco › Nizza › Antibes › Cannes › St-Raphaël › St-Tropez › Toulon › Sanary-sur-Mer › Cassis

Tour

Künstlerdörfer im Hinterland

Cannes › Vallauris › Mougins › Grasse › Tourrettes-sur-Loup › Vence › St-Paul-de-Vence › Cagnes-sur-Mer › Biot

Tour

Inseln im Golf von Hyères

Hyères › La Tour-Fondue › Porquerolles › Port-Cros

Touren in der Region

Glanzlichter der Riviera

Route: Menton › Monaco › Nizza › Antibes › Cannes › St-Raphaël › St-Tropez › Toulon › Sanary-sur-Mer › Cassis

Karte: Seite 64
Distanzen: 260 km; 3–4 Tage
Praktische Hinweise:
- Die fantastischen Ausblicke von den Corniches auf das tiefblaue Mittelmeer kann nur genießen, wer die Tour per Pkw absolviert.

- In der Saison sollte man wegen des dichten Verkehrs an Wochenenden die Küstenstraßen besser meiden.
- Im Sommer verkehren zwischen der italienischen Grenze und Marseille fast stündlich Züge, die allerdings zwischen St-Raphaël und Toulon durchs Hinterland fahren.

Tour-Start:

Die Côte d'Azur beginnt an der italienischen Grenze im wunderschönen **Menton** `1` › S. 68, von hier geht es über die Grand Corniche nach **Monaco** `2` › S. 68, dem glamourö-

Die Altstadt von Antibes hat viel von ihrem ursprünglichen Charme bewahrt

sen Fürstensitz der Grimaldis. Mit **Nizza** 3 › S. 70 folgt bereits das nächste Highlight der Tour, gehört die Stadt mit der berühmten Promenade des Anglais und der italienisch angehauchten Altstadt doch zu den Glanzlichtern an der französischen Riviera. Über **Antibes** 9 › S. 75 gelangt man nach **Cannes** 12 › S. 75, dem nicht nur das alljährliche Filmfestival Flair und Eleganz verleiht.

St-Raphaël 15 › S. 78 mit seinem hübschen Platanenkorso am Hafen ist Station auf dem Weg nach **St-Tropez** 16 › S. 78, dem alten und neuen Treffpunkt von Schickeria und High Society. Auf der hinreißend schönen Corniche de l'Estérel erreicht man **Hyères** 17 › S. 78, das sich als Ausgangspunkt für Abstecher zu den vorgelagerten Inseln eignet. Über die Hafenstadt **Toulon** 18 › S. 79 und den Bilderbuchort **Sanary-sur-**

Mer 19 › S. 79 gelangt man schließlich nach **Cassis** 20 › S. 79 mit den wildromantischen Buchten der **Calanques,** wo man sich von der Tour erholen kann. Wer hier keine Unterkunft gebucht hat, findet im nahen **Marseille** › S. 95 Quartier.

 # Künstlerdörfer im Hinterland

> **Route: Cannes › Vallauris › Mougins › Grasse › Tourrettes-sur-Loup › Vence › St-Paul-de-Vence › Cagnes-sur-Mer › Biot**
>
> **Karte:** Seite 64
> **Distanzen:** 100 km; 1–2 Tage.
> **Praktische Hinweise:**
> • Die Ziele dieser Tour erreicht man am besten per Pkw.
> • Ein Besuch in Vence lohnt vor allem dienstags und freitags, wenn im historischen Zentrum Markt ist.

Tour-Start:

Nach dem Start in **Cannes** 12 › S. 75 ist **Vallauris** 11 › S. 75 erste Station, das sich als Töpferhochburg und Wohn- bzw. Wirkungsstätte von Pablo Picasso einen Namen gemacht hat. Im benachbarten **Mougins** 13 › S. 76 verbrachte der Künstler die letzten Jahre seines Lebens. Die berühmte Parfümstadt **Grasse** 14 › S. 77 bietet Besuchern nicht nur Schnupper- und Museumserlebnisse, sondern auch eine reizvolle Altstadt mit typischem Flair. Der immer noch recht verträumte 3000-Seelen-Ort **Tourrettes-sur-Loup** 7 › S. 74 thront wie eine uneinnehmbare Zitadelle auf einem Felssporn hoch über dem Loup-Tal. Viel mehr Touristenrummel herrscht im mittelalterlichen Gassengewirr von **Vence** 6 › S. 74. Das benachbarte **St-Paul-de-Vence** 5 › S. 73 ist vor allem für die private Kunststiftung Fondation Maeght bekannt. Kunst bzw. Kunsthandwerk spielt auch in **Cagnes-sur-Mer** 4 › S. 73 und **Biot** 8 › S. 74, den beiden letzten Touretappen, eine wichtige Rolle.

Inseln im Golf von Hyères

Route: Hyères › **La Tour-Fondue** ›
Porquerolles › **Port-Cros**

Karte: Seite 64
Distanzen: Tagestour. Die Überfahrt von La Tour-Fondue nach Porquerolles dauert etwa 20 Min., die von Porquerolles nach Port-Cros ca. 1 Std.
Praktische Hinweise:
• Vom Hafen La Tour-Fondue setzt man mit TLV Tour Fondue (www.tlv-tvm.com) nach Porquerolles über. In der Hochsaison fahren die Schiffe von dort nach Port-Cros weiter, in der Nebensaison wird Port-Cros nur von Port d'Hyères aus angesteuert.

Tour-Start:

Vor der Küste zwischen **Hyères** 17 › S. 78 und Le Lavandou laden die kleinen **Îles d'Hyères** zum Inselhüpfen ein. Sie sind autofrei und stehen weitgehend unter Naturschutz. Zu erreichen sind die bezaubernden Eilande über die Halbinsel von Giens und den dort liegenden Hafen **La Tour-Fondue,** wo man auf einem der Parkplätze sein Auto abstellt. Die größte der Inseln ist **Porquerolles** mit dem gleichnamigen Hauptort. Viele Touristen leihen sich hier Räder, um die traumhaften Sandstrände der Nordküste oder die felsige Südküste zu erkunden. Das auf einer Anhöhe über dem Hafen gelegene Fort Ste-Agathe oder den Leuchtturm an der Südküste erreicht man aber auch zu Fuß. Östlich von Porquerolles liegt die bergige Insel **Port-Cros,** die für ihre artenreiche Flora und Meeresfauna bekannt ist. Auf ausgeschilderten Lehrpfaden können Besucher sie kennenlernen. **50 Dinge** 5 › S. 12.

Verkehrsmittel

In der Hauptsaison setzt die SNCF zwischen Marseille und Menton täglich über 100 regionale Expresszüge ein (Fahrpläne unter www.sncf.com/fr/trains/ter). Besonders reizvoll ist der Teilabschnitt zwischen Menton und Nizza. Von Nizza fahren auch der **Train des Pignes** und der **Train des Merveilles,** zwei nostalgische Bummelzüge, über Viadukte und durch Tunnel ins gebirgige Voralpenland (http://trainprovence.com und www.tendemerveilles.com).

Rabattkarte

Die **Côte d'Azur Card** gewährt Ermäßigungen bei etwa 160 Aktivitäten. Der 3-Tage-Pass kostet 39 € (Erw.) bzw. 21 € (Kinder), der 6-Tage-Pass 54 bzw. 29 €. Verkauf bei Tourismusämtern und online unter www.cotedazur-card.com.

Unterwegs in der Region

Menton ▪1▪ [V9]

Seiner windgeschützten Lage verdankt Menton (29000 Einw.) sein mildes Klima. Die Altstadt mit ihren ockerfarbenen Fassaden versprüht italienisches Flair. **50 Dinge** ㉒ › **S. 15**.

Die **Église St-Michel** (17. Jh.) wurde mit barockem Stuckdekor und einem Marmoraltar ausgestattet, ein Kieselmosaik ziert den Vorplatz. Antoine I. von Monaco ließ in einem Park das **Palais Carnolès** als Sommerresidenz erbauen, heute beherbergt es das **Musée des Beaux-Arts**. Neben Kunstsammlungen der Rothschilds und Wakefield-Mori sind Gemälde französischer, flämischer, englischer und spanischer Künstler zu sehen (3, ave. de la Madone, Mi–Mo 10–12, 14–18 Uhr, www.menton.fr/ Musee-des-Beaux-Arts).

Jean Cocteau, schillernde Künstlerpersönlichkeit und Ehrenbürger der Stadt, stattete nicht nur den Hochzeitssaal des **Rathauses** mit Dekorationen aus, die zu seinen Hauptwerken zählen (Place Ardoïno, Mo–Fr 8.30–12.30, 13.30–17 Uhr). Auch die Ausstellungsräume, die seinem Leben und Werk gewidmet sind, hat er eigenhändig gestaltet. Das sehenswerte **Musée Jean-Cocteau** ist in einem Neubau des Architekten Rudy Riciotti eingerichtet (2, quai de Monléon, Mi–Mo 10–18 Uhr, http:// museecocteaumenton.fr).

Jedes Jahr im Februar feiert Menton mit farbenprächtigen Umzügen sein berühmtes **Zitronenfest**.

Info

Office de Tourisme
• 8, ave. Boyer
  06500 Menton
  Tel. 04 92 41 76 76
  www.tourisme-menton.fr

Hotel

Le Paris-Rome €
1 km östlich des Zentrums gelegenes Haus der Logis-Kette mit ausgezeichnetem Restaurant.
• 79, ave. Porte de France
  06500 Menton
  Tel. 04 93 35 73 45
  www.paris-rome.com

Shopping

❗ Ein typisch provenzalischer Markt findet täglich im 14 km weiter westlich gelegenen Küstenort **Beausoleil** statt.

Fürstentum Monaco ▪2▪ [V9]

Im Fürstentum Monaco herrscht drangvolle Enge. Es ist nur 1,6 km² groß, nicht gerade viel für rund 38000 Einwohner und die Millionen von Touristen, die alljährlich den Zwergstaat besuchen. Seit dem 19. Jh. glänzt der besondere Ruhm des Spielkasinos über Monaco. Die Gründung Monacos ist dem Stadtstaat Genua zu verdanken, der den Fels durch Foulque de Castello 1215 befestigen ließ. Die Grimaldis bemächtigten sich 1297 des Felsens: Ihre Soldaten überrumpelten, als

Monacos schönes Aquarium thront auf einer Felsklippe über dem Meer

Mönche verkleidet, die Garnison. Wegen der fehlenden Straßenverbindung nach Nizza blieb Monaco bis 1868 recht isoliert.

Hochhäuser prägen das Bild der Stadt Monte Carlo. Darüber erhebt sich auf dem Grimaldifelsen die Altstadt, **Monaco-Ville** ⭐, mit dem fürstlichen Schloss und dem Paradeplatz. Einige Prunksäle im **Palais Princier** sind zu besichtigen. Sehenswert ist das **Musée Napoléonien** mit dem Palastarchiv und Gegenständen aus dem persönlichen Besitz des Kaisers (April–Okt. tgl. 10–18, Juli/Aug. 10–19 Uhr, sonst kürzer, www.palais.mc). Zu den Touristenattraktionen gehört die Wachablösung vor dem Schloss (tgl. 11.55 Uhr).

Das **Musée Océanographique** besitzt ein riesiges Aquarium, das zu den schönsten Europas zählt. Das Museum mit angeschlossener wissenschaftlicher Forschungsabteilung wurde 1906 von Fürst Albert I. gegründet, der selbst ein begeisterter Meereskundler war (April–Juni und Sept. 10–19, Juli/Aug. 9.30–20, Okt. bis März 10–18 Uhr, www.oceano.mc). **50 Dinge** ㉗ › **S. 15.**

Restaurants

Louis XV. €€€
Im Speisesalon à la Versailles werden ❗ kulinarische Spitzenleistungen mediterraner Prägung serviert. Nur mit förmlicher Kleidung. Di, Mi und Febr. geschl.
• Hôtel de Paris | Place du Casino
  9800 Monaco | Tel. 03 77 98 06 88 64
  www.alain-ducasse.com

La Taverne €€
Traditionelle französische Gerichte wie geschmorte Lammkeule.
• 10, bd. de la République
  06240 Beausoleil
  Tel. 04 93 35 07 87

Shopping

Rund um das Casino verlocken elegante Geschäftsstraßen mit schicken Läden zum Bummeln und Shopping.

Corniches ⭐

Zwischen Nizza und Menton kann man auf drei verschiedenen Höhenrouten entlang der Küste fahren. Herrliche Ausblicke bieten die beiden oberen Küstenstraßen, die **Grande** und **Moyenne Corniche,** während die unterste, die **Petite Corniche,** meist durch dicht bebautes Gebiet verläuft. Die ersten beiden Straßen lassen sich zu einem schönen Tagesausflug kombinieren: Am besten nimmt man morgens ab Menton die Grand Corniche und kehrt nachmittags über die Moyenne Corniche aus Nizza zurück.

Nizza ⬛ [V9]

Nizza wurde von den Griechen gegründet, von den Römern ausgebaut, lange von Italien aus regiert und kam 1860 an Frankreich. Seinen Ruhm als Ferienort verdankt es aber Engländern und russischen Adligen. Vor gut 100 Jahren entdeckten sie die Côte d'Azur als idealen Ort, um dem Winter zu Hause zu entfliehen.

Nizzas Altstadt kann ihre italienische Prägung nicht verleugnen. Viele Plätze und Gässchen wurden restauriert, die Fassaden erstrahlen wieder in den typisch rötlichen Farbtönen. Der Tourismus bringt heute hohe Einnahmen, und Nizza (345 000 Einw.) hat sich als Sitz moderner Technologieunternehmen profiliert. Schrill wird es in der zweiwöchigen Karnevalszeit vor Aschermittwoch. Dann wird bei Paraden etc. ausgiebig gefeiert.

Promenade des Anglais

Ein Bummel über die Seepromenade führt zu einem lebendigen Relikt aus der Zeit des Luxustourismus, dem **Hôtel Negresco** 🅐 [c1]. Das Haus ist zu einer Institution und zu einem Wahrzeichen Nizzas geworden. Bei einem Apéritif in der Hotelbar kann man sich vorstellen, wie einst englische Lords und russische Großfürsten hier ein- und ausgingen (www.hotel-negresco-nice.com).

Kunstgenuss verspricht das **Musée Masséna** 🅑 [c1] in der Villa Masséna. Die Sammlung in der einstigen Stadtresidenz von Victor Masséna ist mit religiöser Kunst, Schmuck und Waffen bestückt (65, rue de France, Mi–Mo 10–18 Uhr, www.musee-massena-nice.org).

Hinter dem Palais de Justice liegt der **Cours Saleya** 🅒 [c3], Nizzas farbenfroher Blumen- und Lebensmittelmarkt, mit den Ponchettes, vormals kleine Werften, in die jetzt Fischhandlungen und Restaurants eingezogen sind. Wer von dort zum Meer geht, erreicht die Uferstraße **Quai des États-Unis.** An deren Ostende liegen auf einem Hügel die Ruinen der alten Festung. Ein Aufzug führt hinauf zum Château, wo ein wunderbarer Park zu einem Picknick unter Pinien einlädt. Von der **Tour Bellanda** 🅓 [c4] am Fuß des Burgfelsens bietet sich ein schöner Panoramablick über die Stadt und ihre Umgebung.

Vieille Ville

Nördlich des Cours Saleya findet man in den verwinkelten Gassen der Altstadt zahllose Geschäfte und

Boutiquen. Verführerisch sind kleine Lebensmittelläden, winzige Restaurants und Bistros. Zu einem Gläschen Wein sollte man dort unbedingt die köstlichen *pans bagnats* kosten, in Olivenöl getränkte, mit Tomaten und Oliven gefüllte Weißbrottaschen.

Sehenswert ist das im für Südfrankreich ungewöhnlichen Barockstil errichtete **Palais Lascaris** Ⓔ [b3]. Das Stadtpalais einer Adelsfamilie aus dem 17. Jh. mit Deckenfresken und reicher Ausstattung bildet den Rahmen für Ausstellungen (15, rue Droite, Mi–Mo 10–18 Uhr, www. palais-lascaris-nice.org). Arkaden und gelb verputzte Fassaden rund um die **Place Garibaldi** Ⓕ [b4] lassen an das nahe Italien denken.

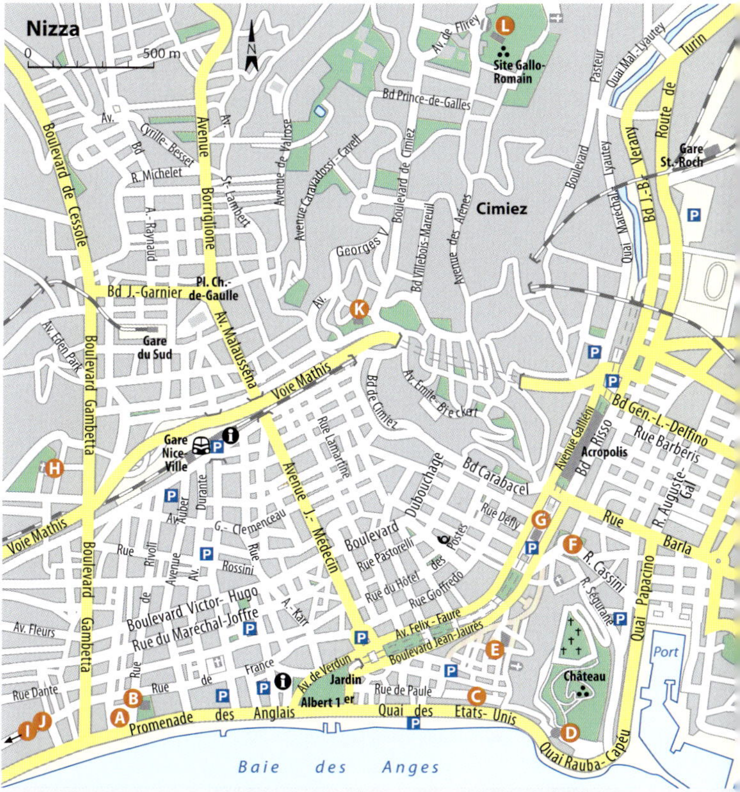

Nizza

0 ___ 500 m

Site Gallo-Romain Ⓛ

Cimiez

Acropolis

Château

Port

Baie des Anges

Ⓐ Hôtel Negresco
Ⓑ Musée Masséna
Ⓒ Cours Saleya
Ⓓ Tour Bellanda
Ⓔ Palais Lascaris

Ⓕ Place Garibaldi
Ⓖ Musée d'Art Moderne et Contemporain
Ⓗ St-Nicolas
Ⓘ Musée des Beaux-Arts

Ⓙ Musée International d'Art Naïf
Ⓚ Musée Chagall
Ⓛ Musée Matisse

Das **Musée d'Art Moderne et Contemporain** [b4] setzt einen städtebaulichen Akzent. Gezeigt werden Werke zeitgenössischer europäischer und amerikanischer Künstler (Place Yves Klein, Di–So 10–18 Uhr, www.mamac-nice.org).

Neustadt

Am Boulevard du Tzarewitch steht mit der Kathedrale **St-Nicolas** [a1] die größte russisch-orthodoxe Kirche außerhalb der Sowjetunion. Das Gotteshaus wurde ab 1903 mit Geldern der Zarenfamilie errichtet.

Hinter der Fassade des ehemaligen Wohnsitzes einer russischen Fürstin verbirgt sich das **Musée des Beaux-Arts** mit vorwiegend französischen Gemälden aus dem Zeitraum vom 13. bis 20. Jh. (33, ave. des Baumettes, Di–So 10–18 Uhr, www.musee-beaux-arts-nice.org).

Naive Malerei präsentiert das **Musée d'Art Naïf Anatol Jakovsky** im Château Ste-Hélène (Ave. de Fabron, Mi–Mo 10–18 Uhr).

Cimiez

Von ihrer modernen Seite zeigt sich die Stadt in der **Acropolis,** einem Kongress- und Veranstaltungskomplex zu Füßen des Cimiez-Hügels. Von hier zweigt in westlicher Richtung der Malraux-Tunnel ab, der zum Boulevard de Cimiez überleitet. Dessen Beginn markiert das **Musée Chagall** mit einem Bilderzyklus zu biblischen Themen, Skulpturen, Glasfenstern, Mosaiken und Wandteppichen (Mai–Okt. Mi–Mo 10–18, Nov.–April 10–17 Uhr, www.musee-chagall.fr).

Das **Musée Matisse** oben am Hügel verdankt seine Entstehung einer Schenkung der Familie des Malers. Neben persönlichen Dingen des Künstlers zeigt es Werke aus allen Schaffensperioden, u.a. den berühmten Akt in Blau (164, ave. des Arènes, Mi–Mo 10–18 Uhr, www.musee-matisse-nice.org).

Auf dem benachbarten **Grabungsgelände** sind die Ruinen des Amphitheaters und der Thermenanlage beachtenswert. Das angeschlossene **Archäologische Museum** zeigt Funde aus Cimiez und dem griechischen Nikaia (160, ave. des Arènes, Mi–Mo 10–18 Uhr).

Info

Office de Tourisme
- 5, promenade des Anglais
  06302 Nice
  Tel. 08 92 70 74 07
  http://en.nicetourisme.com
- **French Riviera Pass:** 1 Tag 26 €,
  2 Tage 38 €, 3 Tage 56 €

Hotels

Hôtel Lépante €€–€€€
Liebevoll renoviertes Belle-Époque-Hotel im Zentrum mit schöner Dachterrasse; Leihfahrräder zur Stadterkundung.
- 6, rue de Lépante | 06000 Nice
  Tel. 04 93 62 20 55
  www.hotellepante.com

Star Hotel €
Einfaches kleineres Altstadthotel, klimatisierte Zimmer mit Schallschutzfenstern.
- 14, rue Biscarra | 06000 Nice
  Tel. 04 93 85 19 03
  www.hotel-star.com

Restaurants

La Petite Maison €€–€€€

Auf Fisch und Meeresfrüchte spezialisiertes Gourmet- und Promilokal. So geschl.

• 11, rue St-François de Paule
06300 Nice | Tel. 04 93 92 59 59
www.lapetitemaison-nice.com

Café de Turin €

Großes, leicht nostalgisches Lokal unter den Arkaden; opulente Platten mit frischen Krustentieren.

• 5, pl. Garibaldi | 06300 Nice
Tel. 04 93 62 29 52
www.cafedeturin.fr

Shopping

Nizzas Haupteinkaufsstraße ist die **Avenue Jean Médecin,** u.a. mit einer Filiale des Kaufhauses **Galéries Lafayette** (Nr. 6) und dem Einkaufszentrum **Nice Etoile** (Nr. 30).

Cagnes-sur-Mer 4 [U9]

Das Städtchen teilt sich in den Badeort und den Ortsteil Haut de Cagnes weiter landeinwärts. Dort beherbergt das **Château Grimaldi** im Untergeschoss ein Museum zum Olivenanbau, im Obergeschoss werden die Sammlung der Chansonsängerin Suzy Solidor und Wechselausstellungen zeitgenössischer Kunst gezeigt (im Sommer Mi–Mo 10–12, 14–18, sonst 14–17 Uhr). Der berühmte Maler Pierre-Auguste Renoir verbrachte seinen Lebensabend in Cagnes. In der Maison Les Colettes, seinem letzten Domizil, vermittelt heute das **Musée Renoir** Einblicke in sein Leben und Werk (Mi–Mo 10–12, 14–18 Uhr).

St-Paul-de-Vence 5 [U9]

Das mittelalterliche Dorf wartet mit einem berühmten Tempel der Kunst des 20. Jhs. auf, der **Fondation Maeght.** In dem modernen Bau, einem Entwurf des Katalanen José Lluis Sert, sind u. a. Werke von Miró, Calder, Giacometti und Braque ausgestellt (Juli–Sept. tgl. 10–19, Okt.–Juni 10–18 Uhr, www.fondation-maeght.com).

Hotel

Le Saint Paul €€€

Geschmackvoll eingerichtetes Hotel in einem historischen Gebäude. Frühstück auf der Panoramaterrasse.

• 86, rue Grande
06570 St-Paul-de-Vence
Tel. 04 93 32 65 25
www.lesaintpaul.com

Tempel der modernen Kunst: die Fondation Maeght in St-Paul-de-Vence

Das mittelalterliche Tourrettes-sur-Loup ist eine Hochburg des Veilchenanbaus

Vence 6 [U9]

Die von den Römern gegründete Stadt wurde im 5. Jh. zum Bischofssitz erhoben, weswegen der Stadtkern mit einigen prächtigen Bauten aufwarten kann. Sehenswert sind vor allem die romanische **Kathedrale** sowie die **Place du Peyra** mit dem gleichnamigen alten Stadttor und Brunnen. Am Boulevard Matisse außerhalb des Zentrums steht mit der **Chapelle du Rosaire** eine kleine Kapelle, die Henri Matisse 1947–51 entwarf. Picasso verglich den asketisch-schlichten Bau mit einem Badezimmer (Mo, Mi, Sa 14–17.30, Di, Do 10–11.30, 14–17.30 Uhr, Mitte Nov.–Mitte Dez. geschl.).

Tourrettes-sur-Loup 7 [U9]

Das malerisch auf einem Felssporn thronende Dorf wurde so angelegt, dass die äußeren Häuser zusammen mit den steil abfallenden Felsen eine Art Befestigung bilden. Im historischen Kern taucht man ein in schmale, gewundene Gassen mit herausgeputzten Steinhäusern, in denen heute viele Galerien und Kunsthandwerkstudios ansässig sind.

Tourrettes ist ein Zentrum des Veilchenanbaus – die wohlriechenden Blüten werden zur Herstellung von Parfüms und Seifen verwendet oder kandiert.

Shopping
La Tanière du Loup
Große Auswahl an Veilchenprodukten.
• 11, pl. de la Libération
  06140 Tourrettes sur Loup
  http://la-taniere-du-loup.com

Biot 8 [U9]

Das mittelalterliche Juwel liegt malerisch auf einem Hügel, in dessen Umgebung Bauern Schnittblumen wie Rosen, Nelken und Mimosen kultivieren. Biot ist bekannt für sein Kunsthandwerk, insbesondere die Glasbläserei. Am Fuß des Dorfes widmet sich das **Musée National Fernand Léger** dem Lebenswerk des Malers, der seinen Lebensabend in Biot verbrachte (Chemin du Val de Pôme, Mai–Okt. Mi–Mo 10–18, Nov.–April 10–17 Uhr, www.musees-nationaux-alpesmaritimes.fr/fleger). **50 Dinge** ④ › S. 12.

Shopping

Verrerie de Biot

Biot ist bekannt für seine *verres bullés,* schlicht-schöne Glaswaren mit unzähligen kleinen Lufteinschlüssen.

• Chemin des Combes | 06410 Biot
  www.verreriebiot.com

Antibes 9 [U9]

An Markttagen herrscht besonders viel Rummel in der Altstadt von Antibes (73 000 Einw.) und der überdachten Halle an der Place Masséna. Im Schloss Grimaldi, direkt am Meer, lebte und arbeitete Mitte der 1940er-Jahre Picasso. Nun sind dort im **Musée Picasso** sein Atelier und eine Dokumentation über sein Leben sowie zahlreiche Werke zu sehen (Place Mariejol, Mitte Juni–Mitte Sept. Di–So 10–18, sonst 10–12, 14–18 Uhr).

Juan-les-Pins 10 [U9]

Der mit Antibes fast zusammengewachsene Badeort erwacht vor allem nachts zum Leben. Das im Sommer stattfindende Jazzfestival zählt zu den wichtigsten in Europa. Hier traten schon Größen wie Count Basie, Dizzy Gillespie und Miles Davis auf.

Restaurant

Les Strélitzias €€

Täglich wechselndes Menü.

• 2, rue Pierre Commanay
  06160 Juan-les-Pins
  Tel. 04 92 93 64 00
  www.lesstrelitzias.com

Vallauris 11 [U9]

Nicht nur in Mougins, sondern vor allem hier hat Pablo Picasso Spuren hinterlassen. Den Dorfplatz ziert seine Skulptur »Mann mit Schaf« und 1952 schuf er die beiden berühmten Wandgemälde »Krieg« und »Frieden« in der romanischen Kapelle des Ortes. Sie ist als **Musée National Picasso** der Öffentlichkeit zugänglich (Pl. de la Libération, Mi bis Mo 10–12.15, 14–17, Juli/Aug. tgl. 10–19 Uhr, www.musees-nationaux-alpesmaritimes.fr/picasso).

Cannes 12 ★ [U9]

Im 19. Jh. entdeckte der englische Lord Brougham auf dem Weg nach Nizza zufällig das damalige Fischerdorf Cannes (72 000 Einw.), das in der Belle Époque populär wurde. Palmen, Casinos und Hotelpaläste säumen den **Boulevard de la Croisette.** Hier ist der Palais des Festivals et des Congrès alljährlich im Mai bei den Festspielen Treffpunkt der internationalen Filmwelt.

In der Altstadt bietet sich von der **Tour du Suquet,** einem alten Wachturm, ein herrlicher Blick über die Stadt. Die Wallfahrtskirche **Notre-Dame-de-l'Espérance** besitzt einen sehenswerten Chorraum.

Info

Office de Tourisme
- 1, bd. de la Croisette
  06400 Cannes
  Tel. 04 92 99 84 22
  www.cannes-destination.fr

Hotel

Hotel Molière €€–€€€
Nahe der Croisette und dem Strand, aber
dennoch ruhig gelegen; die meisten
der 24 modernen Zimmer haben einen
Balkon mit Blick auf den Garten.
- 5–7, rue Molière | 06400 Cannes
  Tel. 04 93 38 16 16
  www.hotel-moliere.com

Restaurant

Da Bouttau – Auberge Provençale €€
Gemütlich und farbenfroh eingerichte-
tes Lokal von 1860 mit Balkendecke und
Terrasse; provenzalische Küche.
- 10, rue St-Antoine | 06400 Cannes
  Tel. 04 92 99 27 17
  http://dabouttau.com

Ausflug zu den Îles de Lérins

Vom Vieux Port in Cannes starten
regelmäßig Fähren zu den grünen
Îles de Lérins: Im Fort der größeren
Insel **Ste-Marguerite** soll im 17. Jh.
der geheimnisvolle »Mann mit der
eisernen Maske« gefangen gehalten
worden sein. Auf dem kleineren Ei-
land **St-Honorat** gründeten im 5. Jh.
Mönche ein Kloster, das heute als
kleines Museum antike Fundstücke
birgt. Beide Inseln können auf
Rundwegen erkundet werden, kleine Strände laden zum Baden ein.

Verkehrsmittel

Trans Côte d'Azur
Im Sommer ab 7.30 Uhr, Fahrtdauer
nach Ste-Marguerite 15 Min.
- Tel. 04 92 98 71 30
  www.trans-cote-azur.com

Compagnie Planaria
Abfahrten ab 8 Uhr, Fahrtdauer nach
St-Honorat 30 Min.
- Tel. 04 92 98 71 38
  www.cannes-ilesdelerins.com

Mougins 13 [U9]

Der Ort (20 000 Einw.) wäre vermutlich einer unter vielen, hätten
dort nicht Berühmtheiten wie Jean
Cocteau, Fernand Léger, Pablo Picasso, Christian Dior, Edith Piaf
und Jacques Brel einen Teil ihres
Lebens verbracht. Noch bekannter
ist Mougins aber für seine Gastronomie: Im Ort konzentrieren sich
mehrere Gourmetrestaurants.

Restaurants

Le Mas Candille €€€
Das hervorragende Restaurant unter der
Regie von Küchenchef Serge Gouloumès
zählt zu den Sternen am Michelin-Himmel.
Mai–Sept. Mo und Di mittags geschl.
- Bd. Clément Rebuffel
  06250 Mougins | Tel. 04 92 28 43 43
  www.lemascandille.com

L'Amandier de Mougins €€–€€€
Angenehmes Lokal mit Panoramaterrasse, das feine Gerichte nach regionalen Rezepten serviert. Mi geschl.
- 48, ave. Jean-Charles Mallet
  06250 Mougins | Tel. 04 93 90 00 91
  www.amandier.fr

Grasse [U9]

In Grasse (52 000 Einw.) entwickelte sich im 18. Jh. die Parfümindustrie. Verschiedene Herstellungsverfahren dokumentiert das **Musée International de la Parfumerie** (2, bd. du Jeu de Ballon, Mai–Sept. tgl. 10–19, sonst Mi–Mo 11–18 Uhr). Fabriken wie **Molinard** (60, bd. Victor-Hugo, www.molinard.com), **Fragonard** (20, bd. Fragonard, www.fragonard.com) und **Galimard** (73, rte. de Cannes, www.galimard.com) können besichtigt werden. **50 Dinge** ① › **S. 12**.

Die Gassen der **Altstadt** ⭐ verdanken ihren Charme den hohen, schmalen Häusern, Schatten spendende Arkaden verleihen der Place aux Aires ein besonderes Flair. Rund um den zentralen Brunnen findet täglich ❗ ein bunter Blumenmarkt statt. Die **Villa Musée Fragonard** stellt Werke des bekannten Rokokomalers aus, der 1732 in Grasse zur Welt kam (23, bd. Fragonard, tgl. 10–18, Juli/Aug. 10–19 Uhr). Eines seiner wenigen religiösen Bilder ist in der **Cathédrale Notre-Dame-du-Puy** zu sehen.

Ockerfarbene Fassaden prägen die hübsche Altstadt von Grasse

Info

Office de Tourisme
• Place de la Buanderie
  06131 Grasse
  Tel. 04 93 36 66 66
  www.grasse.fr

Hotel

La Bellaudière €–€€
Über 300 Jahre altes, charmantes Logis-Haus, manche Zimmer mit Meerblick. Eigenes Restaurant.

• 78, ave. P. Ziller (ca. 3 km außerhalb)
  06130 Grasse | Tel. 04 93 36 02 57
  www.labellaudiere.com

Restaurant

Bastide St-Antoine €€€
Elegantes Hotelrestaurant mit einem Michelin-Stern. ❗ Küchenchef Chibois verwöhnt mit superben Kreationen.
• 48, ave. Henri-Dunant
  06130 Grasse | Tel. 04 93 70 94 94
  www.jacques-chibois.com

Corniche de l'Estérel

Vor dem Massif de l'Estérel stellt die hinreißend schöne, ca. 30 km lange Küstenstraße Corniche d'Estérel die Straßenverbindung zwischen Cannes und St-Raphaël her. An mehreren

Stellen liegen stille Buchten, die nur über steile Pfade erreichbar und von der Straße aus zum Teil gar nicht zu sehen sind. Wanderer haben vom 492 m hohen **Pic de l'Ours** einen fantastischen Blick auf die Küste. Einige Meter niedriger ist der **Pic du Cap Roux,** die Aussicht ist ebenfalls atemberaubend.

St-Raphaël 15 [T10]

St-Raphaël liegt in den Vorbergen des Estérel-Gebirges mit Blick auf den Golf von Fréjus. Megalithen, u. a. der Menhir von Aire Peyronne, zeugen von früher Besiedlung. Die Kirche **St-Pierre** besteht aus drei übereinander liegenden Gebäuden. Als man sie um 1150 errichtete, wurden auch Reste römischer Bauwerke verwendet.

St-Tropez 16 [T10]

Das einst stille Fischerörtchen lebt heute noch vom Ruhm, für kurze Zeit Treffpunkt des internationalen Jetset gewesen zu sein. **50 Dinge** 30 › S. 15. Bevor es in den 1950er-Jahren der Regisseur Vadim und sein Star Brigitte Bardot bekannt machten, hatten Schriftsteller wie Boris Vian und Intellektuelle des Existenzialismus seine Verschwiegenheit gelobt. **50 Dinge** 32 › S. 16. St-Tropez wird von einer **Zitadelle** (1592) überragt, die schöne Ausblicke bietet. Das in einer ehemaligen Kapelle am Hafen untergebrachte **Musée de l'Annonciade** besitzt einige herausragende Werke der klassischen Moderne, darunter Gemälde von Sig-

nac, Matisse, Seurat und Bonnard sowie Skulpturen von Maillol (2, rue de l'Annonciade, Mi–Mo 10–13, 14–18 Uhr, im Nov. geschl.).

Hotel
Lou Cagnard €–€€

19 im provenzalischen Stil eingerichtete, klimatisierte Zimmer rund um einen idyllischen Garten.
• 18, ave. Paul Roussel | 83990 St-Tropez Tel. 04 94 97 04 24
www.hotel-lou-cagnard.com

Nightlife
Les Caves du Roy

Teurer Edel-Nachtklub im Hotel Byblos – hier trifft sich alles, was Rang und Namen hat.
• Ave. Paul Signac | 83990 St-Tropez www.lescavesduroy.com

Hyères 17 [S11]

Hauptsächlich als Badeort bekannt, besitzt Hyères eine gut erhaltene Altstadt mit Befestigungsmauern, mittelalterlichen Türmen und Stadttoren. Grünanlagen wie der reizende **Jardin Olbius Riquier** laden zum Entspannen ein. Von der sich nach Süden erstreckenden Halbinsel von Giens setzen Fähren zu den zauberhaften Îles d'Hyères › S. 67 über.

Hotel
H Hotel €€

Haus mit 48 Zimmern in guter Lage mit Terrasse unter Olivenbäumen, kostenloses WLAN, Privatparkplatz.
• 20, impasse St-Joseph 83400 Hyères | Tel. 04 94 00 52 52
www.h-hotel-hyeres.com

Für Thomas Mann die »glücklichste Etappe« seines Exils: Sanary-sur-Mer

Toulon 18 [S11]

Mit unerwartetem Charme überraschen manche Ecken in der Stadt (167 000 Einw.), deren Militärhafen der größte in Frankreich ist. Sehenswert sind im Zentrum z. B. die von Platanen bestandene **Place de la Liberté** und die **Place Puget** mit der Fontaine des Trois Dauphins. Das **Musée National de la Marine** an der Place Monsenergue zeigt Schiffsmodelle und Galionsfiguren (Mi–Mo 10–18, Juli/Aug. tgl., Jan. geschl.).

Ein Ausflug führt per Auto oder Seilbahn auf den 584 m hohen **Mont Faron,** von wo der Blick über die Stadt und die Bucht reicht. Von der Bergstation aus kann man auf mehreren Panoramawegen wandern.

Sanary-sur-Mer 19 [R11]

Das Dorf wurde als Exilort für deutsche Schriftsteller in den 1930er-Jahren bekannt. Hier fanden u. a.

Bert Brecht, Arnold Zweig, Ernst Toller, Thomas, Heinrich, Klaus und Erika Mann, Ernst Bloch, Franz Werfel, Ludwig Marcuse, Alfred Kerr und Joseph Roth zeitweise Zuflucht. Heute ist Sanary ein ruhiger Ferienort für Familien mit einem hübschen Fischereihafen.

Cassis 20 [R11] und die Calanques ★

Zu den eigenartigsten Landschaften Südfrankreichs gehören die Calanques bei Cassis, wildromantische Buchten, die wie Fjorde tief ins Land reichen. Einige der von steilen Felswänden überragten Buchten eignen sich zum Baden; viele sind aber nur mit dem Boot zu erreichen. Als Ausgangspunkt für Wanderungen dient das hübsche Städtchen **Cassis.** Rund um den belebten Hafen locken kleine Restaurants mit Fisch und Meeresfrüchten.

Baden wie Gott in Frankreich

Steht als Reiseziel Südfrankreich auf dem Programm, tauchen sogleich Bilder von sonnenüberfluteten Stränden am blitzsauberen blauen Meer vor dem inneren Auge auf. Ob man sich für das Mittelmeer oder die Atlantikküste entscheidet, man hat in jedem Fall die Qual der Wahl. Über die mit der Blauen Flagge für gute Wasserqualität ausgezeichneten Strände informiert die Website www.blueflag.org.

Highlights an der Côte d'Azur

Stadtstrand von Menton › S. 68: Nur einen Steinwurf von der Altstadt Mentons entfernt liegt der viel besuchte Strand in unmittelbarer Nähe des Vieux Port. Ein künstlich aufgeschütteter Damm grenzt die durch Bojen gesicherte Schwimmzone zum offenen Meer hin ab. Die Wassertiefe nimmt nur ganz allmählich zu und macht das Plantschen kindersicher.

Robinson-Strand: Von La Tour Fondue südlich von Hyères erreicht man in wenigen Minuten die Insel **Porquerolles › S. 67**. Die kurze Distanz trennt Welten: Eben noch Trubel und Lärm, findet sich hier wohltuende Ruhe. Mit dem Fahrrad erreichen Lärmgeschädigte bequem einen der traumhaften Strände am smaragdgrünen Mittelmeer.

Promi-Strand: Bora Bora Plage ist nicht etwa ein polynesisches Tropenidyll in der Südsee, sondern ein Promi-Treff in unmittelbarer Nähe des legendären **St-Tropez › S. 78**. Der sandige Mittelmeersaum auf der Ramatuelle-Halbinsel übertrifft andere Küstenstriche weder an Schönheit noch an Gepflegtheit, aber hier zeigt sich, neidvoll beäugt, der internationale Jetset beim sommerlichen Champagner-Brunch unter weißen Sonnenschirmen.

Strand für Klippenspringer: Zwischen dem mondänen Bandol und **Cassis** › S. 79 ragt das Cap de l'Aigle weit ins Meer hinaus und bietet dem Urlauberstädtchen **La Ciotat** sowie dem **Parc Naturel du Mugel** Windschutz. Ein kurzer Spaziergang führt vom Hafen an einen zwar malerischen, aber häufig überlaufenen Strand. Nur ca. 500 m weiter versteckt sich eine weitaus reizvollere, zweite Bucht zwischen den fast vegetationslosen, zerklüfteten Felsflanken. Badeschuhe nicht vergessen: Es gibt hier nicht nur scharfkantiges Gestein, sondern auch jede Menge Seeigel.

Strand für Zweisamkeit: Die ca. 30 km lange **Corniche de l'Estérel** › S. 77 zwischen Cannes und St-Raphaël gehört zu den Highlights der Côte d'Azur: rote Felsen, zerklüftete Steilküsten, schroffe Klippen und dazu Felsvorsprünge mit exotischen Palmenhainen. Etwa in der Mitte zwischen beiden Städten liegen an der **Calanque du Maupas** einige verschwiegene Kieselbuchten.

Languedoc-Roussillon-Küste

Fast 200 km Sandstrände: Sand, angeschwemmte Muscheln und kleine, vom Strandhafer festgehaltene Dünen säumen zwischen **Montpellier** › S. 107 und **Perpignan** › S. 119 den Golfe du Lion. Zu den bekanntesten Badehochburgen gehört **Argelès-Plage.** Campingurlauber verwandeln das Dorf im Sommer in eine ansehnliche Kleinstadt. Der breite, flach abfallende Sandstrand ist für Kinder wie geschaffen.

Silbersand, Atlantikstrand

Etwas südwestlich von **Bordeaux** › S. 130 wartet das Bassin d'Arcachon (www.bassin-arcachon.com) mit Austernbänken, 84 km langen Stränden und Europas größter Wanderdüne auf, der Dune du Pilat. **50 Dinge** ㉒ › S. 14, **50 Dinge** ㉕ › S. 15. Lange Tradition als Seebad besitzt der hübsche, unverbaute Ort **Arcachon,** dessen Strand zur Hochsaison stark frequentiert wird. Von hier bis nach Biarritz im Süden erstreckt sich die **Côte d'Argent,** in deren Hinterland sich weite Pinienwälder erstrecken. Strandvergnügen an der Silberküste bieten Ferienorte wie **Mimizan Plage** › S. 136 oder **Biscarosse,** wo auch Surfer ideale Bedingungen vorfinden.

Wagemutige Klippenspringer an einem felsigen Küstenabschnitt bei Nizza

RHÔNE-TAL UND PROVENCE

Kleine Inspiration

- **In Lyon Filmklassiker** dort sehen, wo die Brüder Lumière 1895 ihren ersten Film vorführten › S. 86
- **Bei einer Opernaufführung** im antiken Theater von Orange die hervorragende Akustik genießen › S.92
- **Provenzalisches Flair** schnuppern bei einem Bummel über den Cours Mirabeau in Aix-en-Provence › S. 94
- **Dem Grafen von Monte Christo** die Ehre erweisen – bei einem Ausflug zum Chateau d'If auf einer Insel vor Marseille › S. 96

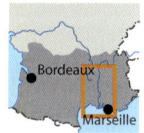

**Abseits der großen Verkehrswege erstrecken sich satt-
grüne Weinberge und ausgedehnte Obstplantagen,
weiter südlich flimmern im Licht des Midi römische
Tempel und Theater, Olivenhaine und Zypressen.**

Zwischen Lyon und der Mittelmeerküste verläuft im Rhône-Tal Frankreichs zweitlängster Fluss, zwischen
dessen beiden Mündungsarmen
sich mit der Camargue ein großes
Naturschutzgebiet ausdehnt. Mildes
Klima lässt im Tal, das auch die
Nord-Süd-Verkehrsanbindungen
bündelt, aromatisches Obst und

gute Weine gedeihen. Um das südliche Rhône-Tal liegt mit der Provence eine an Attraktionen besonders reiche Region: interessante
Städte, Sehenswürdigkeiten und
Baudenkmäler aus der Römerzeit
bis in die Moderne sowie vielfältige
Landschaften begeistern Kunstlieb-
haber wie Genießer.

Touren in der Region

 ## Highlights der Provence

Route: **Lyon** › **Vaison-la-Romaine** ›
Apt › **Les Baux** › **Aix-en-Provence** ›
Marseille › **Arles** › **Nîmes** › **Avignon**

Karte: Seite 84
Distanzen: ca. 620 km; 7 Tage
Praktische Hinweise:
• Die Tour ist für Selbstfahrer ge-
dacht, viele der größeren Orte sind
aber auch per Zug erreichbar.

Tour-Start:

Parallel zur »Rennstrecke« Rhône-
Tal verläuft die ländliche Tour über
typische Provence-Flecken wie die
alte Römerstadt **Vaison-la-Romai-**

ne **7** › S. 91 zunächst zum **Mont Ventoux 8** › S. 91 mit seinem fast vegetationslosen Gipfel. Das für seine
kandierten Früchte berühmte **Apt 14**
› S. 94 liegt bereits in der wunderschönen Berglandschaft des Lubéron, von der es über das Durance-Tal
südwestlich nach **Les Baux 16** › S. 94
in den stillen Alpilles und weiter ins
elegante **Aix-en-Provence 17** › S. 94
geht, wo man dem provenzalischen
Lebensstil eine Spur exquisiter frönt
als anderswo.

Mit **Marseille 18** › S. 95 erreicht
man Frankreichs zweitgrößte Stadt,
deren Herzstück schon immer der
malerische Vieux Port bildet. Eine
eher kleinstädtische Atmosphäre
herrscht in **Arles 19** › S. 99 um die
fast 2000 Jahre alte römische Arena,
die auch heute noch Schauplatz vieler großer Veranstaltungen ist. Nach
einem Abstecher in die reizvolle

Blühende Lavendelfelder bei Sault

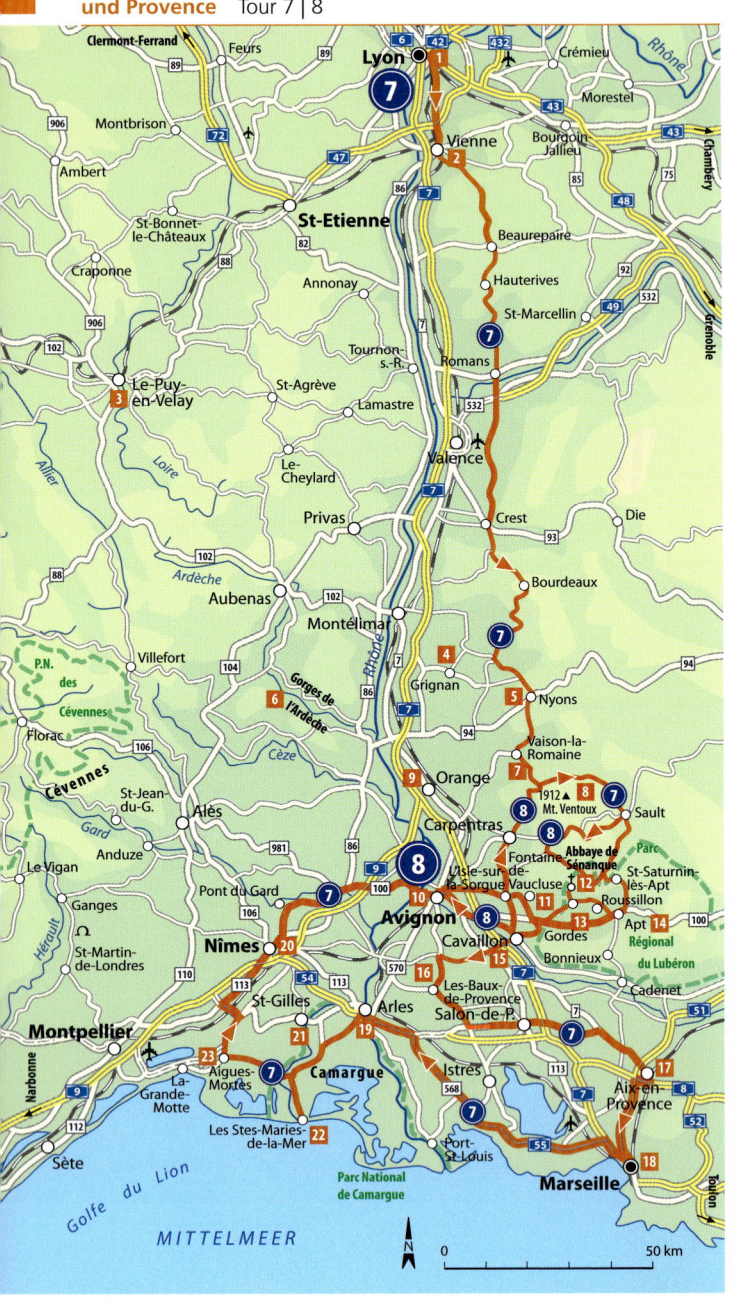

Camargue › S. 101, wo sich weiße Pferde, schwarze Stiere und rosafarbene Flamingos die Weiden teilen, erreicht man Nîmes 20 › S. 100 mit seinen berühmten antiken Monumenten. Vom großen technischen Können der Römer zeugt der nahe, zum UNESCO-Weltkulturerbe zählende Pont du Gard › S. 100. Letzte Etappe ist die ehemalige Papstresidenz Avignon 10 › S. 92, heute ein lebendiges Kulturzentrum.

Landpartie in Lavendelblau

Route: Avignon › L'Isle-sur-la-Sorgue › Mt. Ventoux › Sault › St-Saturnin-lès-Apt › Apt › Roussillon › Gordes › Abbaye de Sénanque › Fontaine de Vaucluse › Cavaillon › Avignon

Karte: Seite 84
Distanzen: ca. 320 km; 3–4 Tage
Praktische Hinweise:
• Von Avignon abgesehen liegen die Etappenziele dieser Tour abseits der großen Verkehrsverbindungen, weswegen man auf einen Pkw angewiesen ist.

Tour-Start:

Etwas weniger als 30 km liegen zwischen **Avignon** 10 › S. 92 und **L'Isle-sur-la-Sorgue** am gleichnamigen Fluss mit seinen vielen Brücken und den bemoosten Schaufelrädern. Richtung Norden geht es über Carpentras zu den **Dentelles de Montmirail**, einem über 700 m hohen Bergzug mit zerklüfteten Gipfeln, der zum Massiv des **Mont Ventoux** 8 › S. 91 weiter östlich gehört. Noch weiter südöstlich dehnt sich um **Sault** eine Hochfläche aus, die für den Anbau von Lavendel wie geschaffen ist und sich im Juli/August im schönsten Blau zeigt. Eine kurvige Nebenstrecke mäandert an der **Gorge de la Nesque** entlang ins verschlafene **St-Saturnin-lès-Apt** und in den Marktflecken **Apt** 14 › S. 94. **Roussillon** 13 › S. 93 ist wegen seiner Ockersteinbrüche ein populäres Ziel, während das pittoreske **Gordes** auf dem Weg in die Einsamkeit der **Abbaye de Sénanque** 12 › S. 93 liegt, die sich am schönsten zeigt, wenn die umliegenden Lavendelfelder blühen. Über **Fontaine de Vaucluse** 11 › S. 93, wo die Sorgue in einer Felsgrotte entspringt, geht es über die Melonenstadt **Cavaillon** 15 › S. 94 zurück nach Avignon.

Touren im Rhône-Tal und in der Provence

Tour

Highlights der Provence

Lyon › Vaison-la-Romaine › Apt › Les Baux › Aix-en-Provence › Marseille › Arles › Nîmes › Avignon

Tour

Landpartie in Lavendelblau

Avignon › L'Isle-sur-la-Sorgue › Mt. Ventoux › Sault › St-Saturnin-lès-Apt › Apt › Roussillon › Gordes › Abbaye de Sénanque › Fontaine de Vaucluse › Cavaillon › Avignon

Verkehrsmittel

Durch das Rhône-Tal führen schnelle Bahn- und Autobahnverbindungen. Sportliche Provence-Fahrer können sich z. B. in Avignon Räder mieten (Provence Bike, 7, ave. St-Ruf, Tel. 04 90 27 92 61, www.provence-bike.com).

Wichtige Adressen

- www.provenceweb.fr: Tipps zu Übernachtungsmöglichkeiten, Restaurants und Aktivitäten.
- www.52coupsdecoeur.com: Internetseite des Comité Régional de Tourisme Provence-Alpes-Côte d'Azur.

Unterwegs in der Region

Lyon **1** ★ [P3]

Die drittgrößte Stadt Frankreichs (474 000 Einw.) präsentiert sich betont dynamisch und rüstet sich für eine in Zukunft noch bedeutendere Rolle in Europa. Auf wirtschaftlichem Gebiet wurde die seit dem 16. Jh. bedeutende Seidenproduktion längst durch Chemie-, Erdöl- und Pharmaindustrie verdrängt. Vor den Toren der Rhône-Metropole entstanden moderne Industrie- und Hightechparks mit einem Schwergewicht auf Biotechnologie.

Lyon gilt als gastronomische Hauptstadt Frankreichs – Paul Bocuse und Pierre Orsi betreiben hier Restaurants. Vor den Toren der Stadt liegen die berühmten Weinbaugebiete Beaujolais und Côtes du Rhône. Untrennbar mit Lyon verbunden ist schließlich der Name der Brüder Lumière, der Wegbereiter des modernen Kinos. In der Straße im 8. Arrondissement, wo sie ihren ersten Film drehten, widmet sich heute das **Musée Lumière** ihrem Leben und Werk (25, rue du 1er Film, Di–So 10–18.30 Uhr, www.institut-lumiere.org).

Hügel von Fourvière

Auf dem **Hügel von Fourvière** nahm die Geschichte Lyons ihren Anfang. Unzählige Stufen und zwei Drahtseilbahnen führen ab der **Gare Funiculaire Ⓐ** hinauf zu dem Punkt, an dem die Römer den Grundstein für ihre Siedlung legten. Jetzt steht dort das **Musée Gallo-Romain de Lyon-Fourvière Ⓑ** mit einem Modell des antiken Lugdunum (17, rue Cléberg, Di–So 10–18 Uhr, www.musees-gallo-romains.com). Nebenan sieht man Reste des unter Augustus erbauten Theaters. Auf der Spitze des Hügels thront die im 19. Jh. errichtete **Basilique Notre-Dame Ⓒ**, von deren Vorplatz sich ein herrlicher Rundblick über die Stadt bietet.

Vieux Lyon

Unterhalb von Fourvière liegt die Altstadt Lyons, eines der schönsten Renaissanceviertel Frankreichs und Weltkulturerbe. Viele Stadthäuser wurden aufwendig restauriert, darunter die **Cour des Loges Ⓓ**, heute ein Hotel für gehobene Ansprüche › **S. 89**. Die im Schachbrettmuster angelegten Straßen verbinden *traboules*, überdachte Passagen, die oft

Lyon

A Gare Funiculaire
B Musée Gallo-Romain de Lyon-Fourvière
C Basilique Notre-Dame
D Cour des Loges
E Hôtel Gadagne
F Musée Miniature et Cinéma
G Maison des Canuts
H Musée des Beaux-Arts
I Musée de l'Imprimerie
J Place Bellecour
K Musée des Tissus
L Musée des Confluences

Quai Fulchiron mit der Église St-Georges und der gleichnamigen Fußgängerbrücke

durch prächtige Innenhöfe verlaufen. Sie ermöglichten es den Seidenwebern, ihre kostbare Ware zu transportieren, ohne dabei dem Wetter ausgesetzt zu sein.

Das **Hôtel Gadagne** an der Place du Petit Collège beherbergt als Musée Gadagne das stadtgeschichtliche **Musée d'Histoire de Lyon** und das **Musée des Marionnettes du Monde,** in dem neben über 2000 Puppen Guignol und sein Gegner Gnafron die Hauptrollen spielen (Mi–So 11–18.30 Uhr, www.gadagne. musees.lyon.fr).

Puppenhäuser, Ministilmöbel und Modelle von Pariser Kabaretts im Miniaturformat zeigt das **Musée Miniature et Cinéma** (60, rue Saint-Jean, Mo–Fr 10–18.30, Sa, So 10–19 Uhr, www.museeminiature etcinema.fr).

Nördlich der Altstadt

Das der Altstadt gegenüberliegende Saône-Ufer erreicht man am besten über die Fußgängerbrücke St-Vincent. Einen Umweg lohnt die **Mai-son des Canuts** , die über die Lyoner Seidenweberei informiert (12, rue d'Ivry, Mo–Sa 10–18.30 Uhr, Führungen 11 und 15.30 Uhr, www. maisondescanuts.com). Im ehemaligen Weberviertel **Croix Rousse** verläuft man sich leicht in den unzähligen *traboules*.

Zwischen den Flüssen

Zwischen Saône und Rhône erstrecken sich Lyons Geschäftsviertel. In der Nachbarschaft des Hôtel de Ville präsentiert das **Musée des Beaux-Arts** eine der größten Kunstsammlungen Frankreichs (20, pl. des Terreaux, Mi–Mo 10–18, Fr 10.30–18 Uhr, www.mba-lyon.fr). Eine imposante Stahl-Glas-Kuppel von Jean Nouvel krönt das klassizistische **Opernhaus** an der Place de la Comédie.

Die Entwicklung des Buchdrucks vom Holzschnitt bis zum Lichtsatz dokumentiert das sehenswerte **Musée de l'Imprimerie** (13, rue de la Poulaillerie, Mi–So 10.30–18 Uhr, www.imprimerie.lyon.fr).

Rund um die **Place Bellecour** pulsiert in teuren Einkaufsstraßen das Leben. Kostbare Textilien aus aller Welt zeigt das **Musée des Tissus** (34, rue de la Charité, Di–So 10–17.30 Uhr, www.musee-des-tissus.com). Am Zusammenfluss von Rhône und Saône eröffnete 2014 das futuristische **Musée des Confluences** , das Entwicklung und Grundfragen der menschlichen Gesellschaften verständlich machen will (86, quai Perrache, Di–Fr 11–19, Sa, So 10–19, Do bis 22 Uhr, www.museedesconfluences.fr).

Info

Office de Tourisme
• Place Bellecour | 69214 Lyon Cedex
  Tel. 04 72 77 69 69
  www.de.lyon-france.com

Verkehrsmittel

• **Flughafen:** Aéroport Lyon St-Exupéry
  (26 km östlich der Stadt, Infos unter
  www.lyonaeroports.com).
• **Bahn:** Zentrale TGV-Bahnhöfe sind
  Part-Dieu und Perrache.
• **Stadtverkehr:** Metro, Straßenbahnen
  und Busse (www.tcl.fr).

Hotels

Cour des Loges €€€
Renaissancegebäude mit 62 um den
Innenhof gruppierten Zimmern.
• 6, rue du Bœuf | 69005 Lyon
  Tel. 04 72 77 44 44
  www.courdesloges.com

La Résidence €€
Familiengeführtes Hotel in einer Fußgängerzone mit relativ schlichten, aber
preisgünstigen Zimmern.

• 18, rue Victor Hugo | 69002 Lyon
  Tel. 04 78 42 63 28
  www.hotel-la-residence.com

Restaurants

Wer einmal bei Bocuse speisen möchte,
kann neben dem Restaurant auch eine
der sechs preiswerteren Brasserien wäh-
len, die der Maître unter www.nordsud
brasseries.com präsentiert.

Pierre Orsi €€€
Im Lokal des Starkochs Pierre Orsi wer-
den in prunkvollem Rahmen exquisite
Speisen serviert. Di–Sa, reservieren!
• 3, pl. Kleber | 69006 Lyon
  Tel. 04 78 89 57 68
  www.pierreorsi.com

Brasserie Georges €€
Traditionslokal mit Jugendstildekor.
Gute regionale Hausmannskost.
• 30, cours de Verdun-Perrache
  69002 Lyon | Tel. 04 72 56 54 54
  www.brasseriegeorges.com

Shopping

Zu den schönsten lokalen Märkten zählen der **Markt am Quai St-Antoine**
(Di, Mi, Do 6–13, Fr, Sa, So 6–13.30 Uhr)
und die **Halles de Lyon Paul Bocuse**
an der Cours Lafayette (Mo–Sa 7–22.30,
So, Fei 7–16.30 Uhr, www.hallespaul
bocuse.lyon.fr).

Nightlife

Loft Club
Tanzklub mit den jeweils populären
Musikrichtungen und zwangloser
Atmosphäre. Do–Sa ab 23 Uhr.
• 7, rue Renan | 69007 Lyon
  Tel. 04 81 91 65 05
  www.loftclub.fr

Vienne 2 [P3]

An die Bedeutung von Vienne
(29 000 Einw.) in der Römerzeit erinnern die Reste des **Tempels des
Augustus und der Livia** (frei zugänglich). Korinthische Säulen verleihen
ihm Eleganz. Im antiken **Theater,**
das 13 000 Zuschauer fasste, finden
heute wieder Events und Auffüh-
rungen statt, z. B. beim Festival **Jazz
à Vienne** im Juni/Juli (www.jazza
vienne.com). An der Place de Mire-
mont hütet das **Musée des Beaux-Arts
et d'Archeologie** Werke römischer
und frühchristlicher Kunst, darunter Mosaiken und Sarkophage (April–Okt. Di–So 9.30–13, 14–18 Uhr,
sonst kürzer). Die ab 1130 erbaute
Kathedrale **St-Maurice** besticht
durch ihren Fassadenschmuck im
spätgotischen Flamboyantstil.

Hotel

La Gabetière €–€€
Das alte charmante Landhaus hat 12
unterschiedlich gestaltete Zimmer, dazu
einen Pool im Park.
• 38780 Estrablin (ca. 8 km östlich)
  Tel. 04 74 58 01 31
  www.la-gabetiere.com

Le Puy-en-Velay 3 [N5]

Schon von Weitem fallen die drei
Basaltkegel ins Auge, um die sich
die Stadt (19 000 Einw.) ausbreitet.
Le Puy-en-Velay ist seit dem Mittelalter ein Sammelpunkt für Pilger
auf dem Weg nach Santiago de
Compostela und hatte vermutlich
schon in frühgeschichtlicher Zeit
kultische Bedeutung.

Mit ihren sechs Kuppeln, die das
Kirchenschiff überwölben, ist die von
der UNESCO zum Weltkulturerbe
erklärte **Cathédrale Notre-Dame** das
markanteste Bauwerk der Stadt. Sie
wirkt besonders beeindruckend,
wenn man über die mittelalterlichen
Steinstufen der Rue de Table zu ihr
hinaufsteigt. Der Schwarzen Madonna im Inneren der Kirche wegen
ist die Stadt bereits seit dem 10. Jh.
ein viel besuchtes Pilgerziel.

Auf einer spitzen Felsnadel
thront weithin sichtbar **St-Michel-
d'Aiguilhe** aus dem 10./11. Jh. Bis
zum Gipfel des Rocher St-Michel
muss man 270 Stufen erklimmen
und kann nebenbei die wunderbare
Aussicht genießen.

Info

Office de Tourisme
• 2, pl. du Clauzel
  43000 Le Puy-en-Velay
  Tel. 04 71 09 38 41
  www.ot-lepuyenvelay.fr

Hotel

Inter-Hotel Bristol €€
Modern ausgestattetes Hotel nahe der
Kathedrale mit schönem Garten.
• 7–9, ave. Maréchal Foch
  43000 Le Puy-en-Velay
  Tel. 04 71 09 13 38
  www.hotelbristol-lepuy.com

Grignan 4 [P7]

Auch ohne die Briefe der Madame
de Sévigné (1626–1696) gelesen zu
haben, versteht man schnell, warum
die Schwiegermutter des Grafen von
Grignan mit Vorliebe hier weilte:

Das imposante **Schloss** mit Teilen aus dem 12. Jh. bietet von seinen weitläufigen Terrassenanlagen einen herrlichen Ausblick auf die umliegenden Berge.

Nyons 5 [Q7]

In dieser Gegend gedeiht die Tanche-Olive, eine kälteresistente Sorte, die vor allem zu Öl gepresst wird. Im Februar feiert Nyons das Olivenfest, und dann wird das erste frisch gepresste Öl auf Knoblauchbrot genossen.

Shopping

Société Coopérative Agricole du Nyonsais
Verkauf von A.O.C.-Olivenöl und Wein.
• Place Olivier de Serres
26110 Nyons | Tel. 04 75 26 95 00

Ardèche-Schlucht 6 [O7]

Wenn die Schneeschmelze in den höher gelegenen Regionen für reichlich Wassernachschub sorgt, ist die bis zu 300 m tief abfallende **Ardèche-Schlucht** mit ihren von Höhlen durchsetzten Steilhängen ein beliebtes Ziel für Kajakfahrer › **Special S. 33**. Aber auch für Wanderer und Autotouristen hält die Gegend, die 1983 unter Naturschutz gestellt wurde, reizvolle Winkel und berückende Aussichten bereit. Auf einer Länge von 40 km wird die Schlucht von der Panoramastraße D 290 begleitet. Sie beginnt in Vallon-Pont-d'Arc.

Vaison-la-Romaine 7 [Q8]

Der Ort war ein keltisches Oppidum, bis die Römer aus ihm die reichste Stadt der Provinz Gallia Narbonensis machten (6000 Einw.). Im **Quartier du Puymin** grub man u. a. die Maison des Messii aus, das Haus einer reichen Familie. Im selben Viertel stehen der **Porticus Pompeius,** ein Nymphäum, das archäologische Museum und Reste eines Amphitheaters. Grablegen aus dem 15. Jh. und ein marmorner Hauptaltar aus vorromanischer Zeit zieren die ehemalige **Cathédrale Notre-Dame** (www.vaison-la-romaine.com).

Über eine alte römische Brücke gelangt man in die Oberstadt mit verwinkelten Straßen und kleinen Plätzen mit Brunnen.

Mont Ventoux 8 ★ [Q8]

Von Vaison-la-Romaine bietet sich ein weiter Blick auf das Tal der Ouvèze, die Landschaft der Baronnies und den 1912 m hohen Mont Ventoux, das Wahrzeichen der Provence. Der Temperaturunterschied vom Fuß des Berges bis zur Spitze kann im Sommer bis zu 11 °C betragen. Auf der steinigen Kuppe gedeihen Pflanzen, die sonst nur in subpolaren Zonen zu finden sind. Kahl ist der Ventoux schon seit dem 16. Jh., als er für die Schiffswerften von Toulon abgeholzt wurde. Inzwischen forstet man seine Flanken mit

Aufführung von George Bizets Oper »Carmen« im antiken Theater von Orange

Aleppokiefern, Zedern und Grüneichen wieder auf. Die zum Gipfel hinaufführende Straße ist bei Rennradfahrern als Übungsstrecke beliebt (Wintersperre Nov.–Mitte Mai).

Orange 9 [P8]

Die Bedeutung der Stadt (30 000 Einw.) zur Römerzeit bezeugt der **Arc de Triomphe**, auf dessen Fries Motive wie in Ketten gelegte Gallier Roms Überlegenheit herausstellen. Das 2000 Jahre alte **Théâtre Antique** am Hügel von St-Eutrope beeindruckt durch seine hervorragend erhaltene, 36 m hohe Bühnenwand. Sie gewährleistet eine hervorragende Akustik, die während der Festspielwochen im Juli dem Publikum reinen Musikgenuss sichert. Dem Theater gegenüber zeigt das **Musée d'Art et d'Histoire** Malerei des 17.–20 Jhs. und antike Fundstücke (April–Sept. 9.15–18/19 Uhr, sonst kürzer).

Avignon 10 [P9]

Die Blütezeit der Stadt (90 000 Einw.) begann mit dem Einzug der Päpste im 14. Jh. Der auf dem Rocher des Doms errichtete gotische **Palais des Papes** ★, der zu den meistbesuchten Sehenswürdigkeiten Frankreichs zählt, ähnelt einer Festung. Der Kunstsinn der Päpste zeigt sich nicht nur in den Privatgemächern, sondern auch in der Chapelle St-Martial (April–Juni tgl. 9–19, Juli bis 20, Aug. bis 20.30 Uhr, sonst kürzer, www.palais-des-papes.com).

Nur wenige Schritte entfernt liegt die **Place de l'Horloge,** das quicklebendige Zentrum Avignons. Im Dezember findet hier einer der stimmungsvollsten Weihnachtsmärkte der Provence statt. Zu den schönsten Altstadtstraßen zählt die mit Flusskieseln gepflasterte **Rue des Teinturiers,** die von einem Seitenarm der Sorgue begleitet wird.

Die im 12. Jh. erbaute Rhône-Brücke **Pont St-Bénézet** bestand einst aus 22 Bögen, von denen noch vier erhalten sind – Kriege und Hochwasser haben das Bauwerk mehrfach schwer beschädigt. Bekannt wurde die Brücke durch das Kinderlied »Sur le Pont d'Avignon« (geöffnet wie Palais des Papes).

Hotel

Hôtel Kyriad Palais des Papes €€
Verlässlicher Standard direkt im Stadtzentrum: 38 ordentliche, funktionale Zimmer plus Familienzimmer.
• 26, pl. de l'Horloge | 84000 Avignon
  Tel. 04 90 82 21 45
  www.kyriad-avignon-palais-des-papes.fr

Restaurant

La Mirande €€€
❗ Bio-Feinschmeckerküche in einem renommierten Hotel mitten in der Altstadt. Do–Mo 12.30–14, 19.30–22 Uhr.
• 4, pl. de l'Amirande | 84000 Avignon
  Tel. 04 90 14 20 20
  www.la-mirande.fr

Fontaine-de-Vaucluse 11 [Q9]

Im 14. Jh. lebte hier der Dichterfürst Petrarca, dem ein Museum gewidmet ist. Außerdem gibt es eine Papiermühle mit großem Wasserrad. Dort wird nach überlieferter Art Papier handgeschöpft. Hauptattraktion ist ein riesiger Quelltopf am Ende des Tals. Am Fuß einer 200 m hohen Felswand sprudelt die Sorgue aus unergründlicher Tiefe.

Hotel

Hôtel du Poète €–€€€
Eine alte Mühle mit idyllischem Garten wurde in ein liebenswertes Hotel mit provenzalischem Charme verwandelt.
• Le Village
  84800 Fontaine de Vaucluse
  Tel. 04 90 20 34 05
  www.hoteldupoete.com

Abbaye de Sénanque 12 ⭐ [Q9]

Im weltentrückten Tal der Sénancole ❗ erhebt sich das Kloster im Sommer aus blühenden Lavendelfeldern – eine wahre Traumkulisse. Zisterzienser gründeten das Kloster anno 1148. Es erlebte eine Blütezeit, nachdem es mit Benedikt XII. (1334–1342) einen Papst (in Avignon) hervorgebracht hatte. Die Abtei besticht durch die fast kristalline Klarheit ihrer Architektur, die die einzelnen Bauteile auf geometrische Körper reduziert (Öffnungszeiten und Termine von Führungen unter www.senanque.fr).

Roussillon 13 [Q9]

Nicht nur blühende Lavendelfelder bringen Farbe in die provenzalische Landschaft. Das Dorf Roussillon ist für seine Ockersteinbrüche bekannt, deren Farbspektrum zwischen Safrangelb, Zinnoberrot und Purpur changiert. Bestechend schön ist der Kontrast zu den grünen Pinien. Auf zwei Wanderwegen (30 und 40 Min.) kann man das am Ortsrand liegende Naturwunder kennenlernen.

Apt 14 [Q9]

Teile der alten Stadtmauer umgeben den Ort (12 000 Einw.), der für kandierte Früchte, schöne Fayencen und Lavendelprodukte bekannt ist. Gute Voraussetzungen für den jeden Samstag auf der **Place des Martyrs de la Résistance** stattfindenden Wochenmarkt, auf dem Bauern aus dem Umland ihre erntefrischen Produkte verkaufen (Juni–Sept.). Apt ist zudem Verwaltungssitz des **Parc Naturel Régional du Lubéron** mit seinen grünen Hügeln und verträumten kleinen Bergdörfern (www.parcduluberon.fr).

Cavaillon 15 [Q9]

Cavaillon (25 000 Einw.) ist Franzosen als Melonenhauptstadt ein Begriff (Ernte: Juni–Sept.). Auf einem Hügel liegt inmitten von Zypressen, Kiefern und Mandelbäumen die romanische Kapelle **St-Jacques**. Die kleine Eremitage nebenan war bis Anfang des 20. Jhs. bewohnt.

Les-Baux-de-Provence 16 [P9]

Wie ein Adlerhorst schmiegen sich die grauen Steinhäuser von Les-Baux-de-Provence in die Felslandschaft der Alpilles. Im Mittelalter war das Schloss der örtlichen Grafen Treffpunkt der Troubadoure des gesamten Südens. Heute ist das malerische Dorf, dessen Hauptstraße historische Stadtpaläste aus dem 16. Jh. säumen, ein Touristenmekka mit viel Atmosphäre.

Hotel

Hotel Mas de L'Oulivie €€€
❗ Nobles Anwesen mit 27 Zimmern, umgeben von einem reizenden Garten. Fabelhaftes Restaurant.
• Les Arcoules
13520 Les Baux-de-Provence
Tel. 04 90 54 35 78
www.masdeloulivie.com

Aix-en-Provence 17 ⭐ [R10]

Die Stadt (143 000 Einw.) zieht dank ihrer hohen Lebensqualität viele Franzosen in diesen Teil der Provence. Ihre Schlagader bildet der 1649 angelegte **Cours Mirabeau,** eine von alten Platanen beschattete Prachtstraße, an der sich Adelspaläste des 17. und 18. Jhs. und Straßencafés reihen.

Cours Mirabeau in Aix-en-Provence

In der Altstadt zeugen vornehme Stadtpaläste, grandiose Kirchenfassaden und reich verzierte Portale in unterschiedlichen Baustilen von der wechselvollen Geschichte der Stadt. Der 1832 vollendete **Palais de Justice** ist dreimal wöchentlich die Kulisse für einen bunten Floh- und Trödelmarkt. Ganz in der Nähe birgt die **Église Ste-Marie-Madeleine** in ihrem Innern wertvolle Kirchenschätze. Die Fassade des **Rathauses** (1655–1670) und ein Turm mit astronomischer Uhr (17 Jh.) beherrschen die **Place de la Mairie**. Ihre Südseite nimmt die **Halle aux Grains** ein, eine fast 250 Jahre alte Kornhalle. Gleich um die Ecke auf der **Place Richelme** [!] findet jeden Morgen ein bunter Erzeugermarkt statt.

Als wahre Chronik aus Stein präsentiert sich die **Cathédrale St-Sauveur**. Zu ihren Schätzen gehören ein frühchristliches Baptisterium und Nicolas Froments Triptychon »Der brennende Dornbusch« aus dem 15. Jh. Im 1730 erbauten erzbischöflichen Palais ist das **Musée des Tapisseries** untergebracht (Mitte April bis Mitte Okt. tgl. 10–12.30, 13.30–18, sonst nur 13.30–17 Uhr).

Im noblen Viertel Mazarin zeigt das **Musée Granet** neben Werken anderer französischer Maler auch Bilder von Cézanne (Place St-Jean-de-Malte, Juni–Sept. Di–So 10–19, Okt.–Mai 12–18 Uhr, www.museegranet-aixenprovence.fr).

Am Office de Tourisme startet ein **Cézanne-Rundweg,** und auch sein Atelier kann besichtigt werden (9, ave. Cezanne, Öffnungszeiten unter www.atelier-cezanne.com).

Info

Office de Tourisme
- 300, ave. Giuseppe Verdi
  13100 Aix-en-Provence
  Tel. 04 42 16 11 61
  www.aixenprovencetourism.com

Hotel

La Bastide du Cours €€€
[!] Charmantes Stadthotel im Zentrum; antikes Mobiliar verleiht den individuell gestalteten Zimmern Patina.
- 43–47, cours Mirabeau | 13100 Aix-en-Provence | Tel. 04 42 26 10 06
  www.bastideducours.com

Restaurant

Le Formal €€€
Ausgezeichnete, kreative Küche im ansprechenden Ambiente eines Gewölbekellers, Tischreservierung unbedingt erforderlich. Sa Mittag, So und Mo geschl.
- 32, rue Espariat | 13100 Aix-en-Provence | Tel. 04 42 27 08 31
  www.restaurant-leformal.com

Marseille 18 [Q11]

Vieux Port

Als europäische Kulturhauptstadt hat die 850 000 Einwohner zählende Metropole 2013 viel unternommen, um ihre Reputation als Hort von Kriminalität und Drogenhandel abzustreifen. Mittel zum Zweck waren visionäre Bauprojekte hauptsächlich um den **Vieux Port** Ⓐ [b2], wo griechische Seefahrer um 600 v. Chr. eine Handelsniederlassung gründeten. Neben dem [!] morgendlichen Fischmarkt ist das **Ombrière** Ⓑ [b2] genannte, auf der Unterseite spiegelnde Schattendach über der Fußgängerzone ein beliebtes Fotomotiv. Durch einen Steg mit dem mittelalterlichen Fort Saint-Jean verbunden, beherbergt die gigantische, von einer Art filigranem Tarnnetz vor der Sonne geschützte **!** Konstruktion des Stararchitekten Rudy Ricciotti das Museum **MuCem** C [c1], das den Zivilisationen Europas und des Mittelmeerraumes gewidmet ist (Mai–Okt. Mi–Mo 11–19, sonst bis 18 Uhr, www.mucem.org). Das Kulturzentrum **Villa Méditerranée** D [c1] ragt wie ein riesiges Sprungbrett ins Meer. Moderne und zeitgenössische Kunst sowie Ausstellungen zur Geschichte sind im **Musée Regards de Provence** E [c1] zu sehen. Das Haus hat ein Restaurant mit Terrasse (tgl. 10–18 Uhr, www.museeregardsdeprovence.com).

Am Alten Hafen legen Boote zum **Château d'If** auf den Îles du Frioul ab. Alexandre Dumas machte die Festung aus dem 16. Jh. zum Schauplatz seines Abenteuerromans »Der Graf von Monte Christo« (tgl. 8.30–16.15 Uhr, ab Quai de Belge, Tel. 04 96 11 03 50).

A Vieux Port	**F** Vielle Charité	**K** Abbaye St-Victor
B Ombrière	**G** Musée des Docks Romains	**L** Notre Dame de la Garde
C MuCem	**H** Musée d'Histoire	**M** Jardin du Pharo
D Villa Méditerranée	**I** Cours d'Estienne-d'Orves	
E Musée Regards de Provence	**J** Musée Cantini	

Altstadt

Nördlich des Hafens schmiegt sich das Altstadtviertel Le Panier an einen Hügel. Die **Vieille Charité**  [b1] wurde im 17. und 18. Jh errichtet, um Nichtsesshafte unterzubringen. Eine der eindrucksvollsten Sammlungen der Mittelmeerarchäologie fand hier ihren Platz: Das **Musée d'Arcéologie Méditerranéenne** präsentiert Exponate aus Ägypten, Zypern, Griechenland und dem etruskischen Kulturbereich (2, rue de la Charité, Di–So 11–18 Uhr, http://musee-archeologie-mediterraneenne.marseille.fr).

Reste eines römischen Handelslagers sind im **Musée des Docks Romains** [c2] zu sehen (Place Vivaux, Di–So 10–18 Uhr, http://musee-des-docks-romains.marseille.fr).

Canebière und Cours Belsunce

An der Ostseite des Alten Hafens beginnt **La Canebière,** die 1666 angelegte einstige Prachtstraße von Marseille, deren Prunkbauten längst in die Jahre gekommen sind.

Auf dem **Cours Belsunce** dominieren afrikanische Läden. Das neue **Musée d'Histoire** [b2] beschäftigt sich mit der Stadt- und Hafengeschichtegeschichte seit vorchristlicher Zeit (2, rue Henri-Barbusse, Di–So 10–18 Uhr, http://musee-histoire.marseille.fr).

Südlich des Vieux Port

Nette Bars und Restaurants machen den **Cours d'Estienne-d'Orves** [b3] populär. Im **Musée Cantini** [b3] wurden Werke namhafter Künstler

Notre-Dame-de-la-Garde ist das Wahrzeichen Marseilles

des 20. Jhs., u. a. von Max Ernst und Henri Matisse, zusammengetragen (19, rue Grignan, Di–So 10–18 Uhr, http://musee-cantini.marseille.fr). Sportlichen Einsatz verlangt der Aufstieg zur **Abbaye St-Victor** [c3] auf der Südwestseite des Hafenbeckens. Ihr kostbarster Schatz ist eine tief in den Fels getriebene frühchristliche Krypta mit kostbaren Sarkophagen.

Steil geht es hinauf zur **Notre-Dame-de-la-Garde** , dem Wahrzeichen der Stadt. Diese neobyzantinische Wallfahrtskirche birgt eine schöne Sammlung von Votivbildern. Zudem ist die Aussicht von hier oben grandios.

Müßiggänger zieht es in den **Jardin du Pharo** [d2] mit einem Palais für Kaiserin Eugénie und berückendem Blick über den Alten Hafen.

Info
Office de Tourisme
- 11, La Canebière | 13001 Marseille
Tel. 08 26 50 05 00
www.marseille-tourisme.com

Verkehrsmittel
- **Flughafen:** Aéroport de Marseille
(28 km nördlich der Stadt, Infos unter
www.marseille.aeroport.fr).
- **Bahn:** Zentraler TGV-Bahnhof
St-Charles (www.voyages-sncf.eu).

Die buntesten Märkte

- Sämtliche Aromen des Midi kann
man auf dem **provenzalischen
Markt in Beausoleil** bei Men-
ton schnuppern › **S. 68.**
- Einem Fest für die Sinne kommt
auch der farbenfrohe **Blumenmarkt auf der Place aux Aires
in Grasse** gleich › **S. 77.**
- Eine große Auswahl an Antikem,
Tand und Trödel bietet der **Anti-
quitätenmarkt in L'Isle-sur-la-
Sorgue** (So Vormittag) › **S. 85.**
- Ein stimmungsvoller **Erzeugermarkt** vor historischer Kulisse findet täglich in der **Altstadt von
Aix-en-Provence** statt › **S. 95.**
- Auf dem **Fischmarkt am Vieux
Port in Marseille** bieten Markt-
frauen lautstark Fangfrisches aus
dem Meer feil › **S. 95.**
- In Cahors werden von November
bis Februar auf den **Trüffelmärk-
ten** die begehrten Edelpilze verkauft (Rue du Marché aux Truf-
fes, Di ab 14.30 Uhr) › **S. 142.**

- **Schiff:** Kreuzfahrtterminal, Fährver-
bindungen nach Korsika, Sardinien
und Tunesien.
- **Stadtverkehr:** Die Métro Linie 1 verkehrt zwischen La Rose und La Timone;
die Linie 2 verbindet Ste-Marguerite
mit Bougainville. Zudem erschließen
3 Straßenbahnen und 90 Buslinien
das Stadtgebiet (www.rtm.fr).

Hotels
Hôtel Alizé €€
39 einfachen Zimmern mit Schallschutzfenstern, am schönsten sind jene mit
Blick auf den alten Hafen.
- 35, quai des Belges | 13001 Marseille
Tel. 04 91 33 66 97
www.alize-hotel.com

St-Ferréol €€
Klein, hübsch und zentral an einer
ruhigen Fußgängerzone gelegen.
- 19, rue Pisançon | 13001 Marseille
Tel. 04 91 33 12 21
www.hotel-stferreol.com

Restaurants
La Virgule €€
Raffinierte Bistroküche in modernem
Designerambiente nicht weit vom Vieux
Port. So und Mi Abend sowie Mo geschl.
- 27, rue de la Loge | 13002 Marseille
Tel. 04 91 90 91 11
http://lavirgule.marseille.free.fr

Les Arcenaulx €–€€
Zwischen Bücherregalen speist man in
dieser lokalen Institution extravagante
Hummerspieße oder deftige Schweins-
füße. Mo–Sa 12–14, 20–23 Uhr.
- 25, cours d'Estienne d'Orves
13001 Marseille | Tel. 04 91 59 80 30
www.les-arcenaulx.com

Buchtipp

In den Krimalromanen der **Marseille-Trilogie** schildert der 2001 verstorbene **Jean-Claude Izzo** auf packende Weise die aktuellen Probleme, aber auch die eigenwillige Schönheit seiner Heimatstadt (Unionsverlag, 2012).

Arles 19 [P10]

Arles (53 000 Einw.) ist die Stadt der Römer, der bunten Märkte und Stierkämpfe. Alljährlich am Palmsonntag ist das imposante römische Bauwerk aus dem 1. Jh., **Les Arènes,** Schauplatz der Courses Camarguaises, einer Feria mit provenzalischen Stierkämpfen, bei denen die Tiere nicht getötet werden (Termine unter www.arenes-arles.com).

Aus der Römerzeit stammt auch das **Théâtre Antique.** Wahrscheinlich wurde das Halbrund mit Platz für über 10 000 Zuschauer unter Kaiser Augustus erbaut. Wie die Arena diente es im Mittelalter als Bastion (Mai–Sept. tgl. 9–19, Okt., März/April 9–12, 14–18, Nov.–Febr. 9–12, 14–17 Uhr).

Mit den **Alyscamps** hat die Stadt vor ihren Toren eine bedeutende Nekropole, eine von Sarkophagen flankierte Allee. Schon Kelten und Griechen sollen hier ihre Toten begraben haben (geöffnet wie antikes Theater). Die eindrucksvolle Totenstadt mit der Kirche **St-Honorat** hat Vincent van Gogh auf einem Gemälde verewigt. Der Maler lebte ab 1888 ein gutes Jahr in Arles.

Im hochmodernen **Musée départemental Arles antique** sind Exponate von der Frühgeschichte bis zum Ende der Antike im 6. Jh. zu sehen (Presqu'île du Cirque Romain, Mi–Mo 10–18 Uhr, www.arles-antique.cg13.fr).

Zu den ❗ bedeutendsten Werken der provenzalischen Spätromanik zählt der Skulpturenschmuck am Portal der Kirche **St-Trophîme** (Place de la République). Im Kreuzgang sind Szenen aus dem Leben des Hl. Trophîme dargestellt. (Mo–Sa 8–12, 14–18, So 9–13, 14–18 Uhr, www.paroisse-arles.com).

Bereits 1896 gründete Literatur-Nobelpreisträger Frédéric Mistral das **Museon Arlaten.** Es widmet sich der provenzalischen Volkskunde. Wegen umfassender Renovierungsarbeiten ist das Museum bis voraussichtlich 2018 geschlossen.

Info

Office de Tourisme
• Boulevard des Lices | 13200 Arles
  Tel. 04 90 18 41 20
  www.arlestourisme.com

Im Mittelalter befestigter Siedlungskern mit 200 Häusern: die Arena von Arles

Hotel

Hôtel Mireille €€–€€€

Fürstlich ausgestattetes, ruhiges Hotel mit Zimmern im provenzalischen Stil.

• 2, pl. St-Pierre | 13200 Arles
  Tel. 04 90 93 70 74
  www.hotel-mireille.com

Restaurant

La Gueule du Loup €€

Typisch provenzalische Köstlichkeiten wie Rinderfilet mit Anchovissauce.

• 39, rue des Arènes | 13200 Arles
  Tel. 04 90 96 96 69

Nîmes 20 ⭐ [09]

Am Weg durch das Rhône-Tal in die Cevennen liegt diese alte und doch sehr lebendige Römerstadt (140 000 Einw.). Das Amphitheater **Les Arènes** ist kleiner als das von Arles, aber besser erhalten (Juli/Aug. tgl. 9–20, sonst mind. 9–17 Uhr, http://arenes-nimes.com). Während der Ferias im Mai und September finden dort Stierkämpfe, im übrigen Jahr Konzerte statt.

Nicht weit entfernt lockt das moderne Kunstzentrum **Carré d'Art,** das ! Sir Norman Foster entworfen hat (Di–So 10–18 Uhr). Die **Maison Carrée** ist ein gut erhaltener römischer Tempel mit korinthischen Frontsäulen, erbaut für den Enkel des Kaisers Augustus (Juli/Aug. tgl. 9.30–20, sonst mind. 9–16.30 Uhr). Dahinter führen Gässchen in die lebhafte **Altstadt** um die Place du Marché mit dem berühmten Krokodilbrunnen, einem Wahrzeichen der Stadt. Von der **Tour Magne,** Teil der alten Stadtbefestigung, hat man ei-

nen schönen Blick auf Stadt und Umgebung (Juli/Aug. tgl. 9–20, sonst mind. 9.30–16.30 Uhr).

Hotel

Hôtel Marquis de la Baume €€–€€€

! Stadthaus aus dem 17. Jh. mit romantischem Innenhof und wunderschönen Treppenaufgängen.

• 21, rue Nationale
  30000 Nîmes
  Tel. 04 66 76 28 42

Ausflug zum Pont du Gard ⚑

Der zum UNESCO-Welterbe zählende Aquädukt gilt als eines der besterhaltenen römischen Bauwerke Europas. Er versorgte Nîmes mit Wasser aus der Eure-Quelle bei Uzès. Die besondere Herausforderung bei seiner Erbauung bestand darin, dass das Gefälle auf der 50 km langen Strecke zwischen Nîmes und Quelle nur 17 m betrug.

Kühn überspannen die dreigeschossigen Arkaden das Flüsschen Gardon. Ringsum erstreckt sich eine attraktive Museumsanlage mit Garrigue-Garten, Restaurants und Shops (Gesamtanlage 18 € für bis zu 5 Personen inkl. Parkplatz, www.pontdugard.fr). **50 Dinge** ⑧ › S. 12.

St-Gilles 21 [O10]

Der Ort (13 500 Einw.) liegt im Zentrum des **Parc National de Camargue.** Seine Bewohner leben v. a. von der Landwirtschaft, die durch das Vordringen des Meeres immer mehr

Nutzfläche verliert. Die Klosteranlage aus dem 11. Jh. über dem Grab des hl. Gilles war im Mittelalter ein wichtiger Wallfahrtsort. Das **Westportal** gilt als Meisterleistung romanischer Bildhauerkunst.

Les Stes-Maries-de-la Mer 22 [O10]

Mönche siedelten schon früh um die Kapelle Sancta Maria de Ratis. Heute reckt sich an dieser Stelle die Wallfahrtskirche **Notre-Dame de la Mer** einer Festung nicht unähnlich in den Himmel. Die Kirche (12. Jh.) ist alljährlich am 24. Mai Treffpunkt der Sinti und Roma, deren Verehrung der Schwarzen Madonna Sara gilt, ihrer Schutzpatronin.

Das einstige Fischerdorf liegt inmitten von Salzwiesen, Stierweiden, Pferdekoppeln und Teichen, in denen Flamingos fischen. Zahlreiche Reitställe bieten erlebnisreiche Ausflüge im Sattel an, bei denen man die Landschaft hautnah erlebt.

Aigues-Mortes 23 [O10]

Eindrucksvolle Stadtmauern mit Türmen und Schießscharten sorgen für eine mittelalterliche Bilderbuchkulisse. Bei ihrer Gründung im 13. Jh. lag die Festungsstadt Aigues-Mortes (8500 Einw.) noch an der Küste. Louis IX., der Heilige, gab den Befehl zum Bau eines Hafens. Im Schutz der Sümpfe ankerte seine Kreuzritterflotte, bevor sie auf große Fahrt Richtung Heiliges Land in See stach. In der **Tour de Constance** hielt man nach Aufhebung des Edikts von Nantes 1598 Protestanten gefangen.

SEITENBLICK

Die Camargue 9

Zwischen den Mündungsarmen der Rhône erstreckt sich mit der Camargue eines der größten Feuchtgebiete Europas. Das flache Sumpfland mit seinen Salzwasserlagunen beheimatet eine reiche Flora und Fauna, eine Touristenattraktion sind vor allem die großen Flamingokolonien. Teile des Gebietes werden traditionell für Reisanbau und Viehzucht genutzt. Auf den Weiden grasen weiße Pferde und schwarze Stiere, die für die Arenen der Provence bestimmt sind. Außer Les-Stes-Maries-de-la-Mer gibt es keine größeren Orte. **50 Dinge** ② › S. 12.

Das in Jahrhunderten gewachsene Zusammenspiel von Natur und Viehwirtschaft ist jedoch aus dem Gleichgewicht geraten. Die Umwandlung des Brach- und Weidelandes in Agrarflächen lässt immer weniger Platz für die Aufzucht der Pferde und Stiere. Daher wurde im **Naturpark Camargue** das Kerngebiet der einzigartigen Landschaft rund um den Etang de Vaccarès unter Schutz gestellt. In einem alten Stall informiert das **Musée de la Camargue** über die Geschichte der Kulturlandschaft, hier beginnt auch ein ca. 4 km langer Lehrpfad (Mas du Pont de Rousty, an der D 570 nach Arles, April–Sept. Mi–Mo 9–12.30, 13–18, Okt.–März 10–12.30, 13–17 Uhr, Jan. geschl., www.museedelacamargue.com).

LANGUEDOC UND CEVENNEN

Kleine Inspiration

- **Angesichts des Viadukts** von Millau staunend feststellen, zu welchen Leistungen moderne Ingenieurskunst fähig ist › S. 110
- **Im Fischereihafen von Sète** dabei zusehen, wie Poseidon sein Füllhorn ausschüttet › S. 111
- **Die meditative Stille** im Kreuzgang der Abbaye de Fontfroide genießen › S. 112
- **Sich auf den Stadtmauern** von Carcassonne wie ein Troubadour des Mittelalters fühlen › S. 113

Bordeaux

Marseille

Am Golf von Lion wechseln moderne Ferienkolonien mit alten Fischerdörfern. Das Kontrastprogramm im Hinterland bilden Städte wie das mittelalterliche Carcassonne oder die ungezähmte Berglandschaft der Cevennen.

Kilometerlange Strände mit feinem Sand um den wunderbaren Golf du Lion, ein Hinterland, das sich an den Ausläufern des Zentralmassivs hinaufzieht und im Süden die Pyrenäen erahnen lässt: Das Languedoc ist ein reizvoller, von der Sonne verwöhnter Landstrich mit mittelalterlich geprägten Städten und malerischen Ortschaften, über die in der warmen Jahreszeit der Duft der Garrigue weht. Die allgegenwärtigen grünen Rebteppiche verraten, dass dieser Teil Frankreichs zu den großen Weinproduzenten gehört. Als eine der ältesten Kulturlandschaften Frankreichs gibt sich die Region etwa in Narbonne und

Montpellier, in Toulouse und Carcassonne zu erkennen.

Im nördlichen Teil bilden die rauen Cevennen die Südausläufer des Zentralmassivs. Sie waren eine Bastion der Protestanten, die sich im 18. Jh. in der Region einen blutigen Guerillakrieg mit den Truppen des katholischen Königs Louis XIV. lieferten. Eine Zeit des Wohlstands brachte die frühe Einführung der mittlerweile verschwundenen Seidenraupenzucht. Heute setzt man vor allem auf den Tourismus, der von der Einsamkeit karger, windgepeitschter Hochplateaus und der wilden Romantik abgelegener Schluchten profitiert.

Touren in der Region

Tour 9 Strände und stolze Städte

Route: Montpellier › La Grande Motte › Sète › Cap d'Agde › Béziers › Narbonne › Abbaye de Fontfroide › Carcassonne

Karte: Seite 105
Distanzen: ca. 320 km; 2–3 Tage

Kreuzgang der Abbaye de Fontfroide

Praktische Hinweise:
• Wer das Auto stehen lassen möchte, kann mit TER-Zügen von Montpellier über Agde und Narbonne bis nach Carcassonne fahren (Fahrplaninfos unter www.ter-sncf.com).

Tour-Start:

Montpellier 1 › S. 107, Verwaltungssitz der Region Languedoc-Roussillon, liegt nur eine kurze Wegstrecke von der Mittelmeerküste entfernt, an der sich bekannte Badeorte wie **La Grande Motte** 6 › S. 111 und **Palavas-les-Flots** 7 › S. 111 aneinanderreihen. Die Häuser von **Sète** 8 › S. 111 scharen sich um einen bedeutenden Fischereihafen, das jüngere **Cap d'Agde** 9 › S. 111 ist eine touristische Hochburg mit schwarzen Vulkanstränden. Das unaufgeregte **Béziers** 10 › S. 112 wartet mit einer wunderschönen gotischen Kathedrale auf, lohnend ist auch ein Bummel durch die stimmungsvollen Altstadtgassen. Über Badeorte wie **Narbonne-Plage** und **Gruissan-Plage** mit seinen fotogenen Stelzenhäusern kommt man nach **Narbonne** 11 › S. 112, in dessen Zentrum sakrale Baudenkmäler ebenso an längst vergangene, große Zeiten erinnern wie die außerhalb gelegene **Abbaye de Fontfroide** 12 › S. 112. Einen weiteren Höhepunkt markiert die mittelalterliche Festung **Carcassonne** 13 › S. 113 mit Zugbrücke, wehrhaften Mauern und Wachtürmen, engen Gassen und einem sommerlichen Besucherandrang, der an historische Belagerungszustände denken lässt.

Durch Täler und Schluchten

Route: **Montpellier** › **Ganges** › **Anduze** › **St-Jean-du-Gard** › **Florac** › **Ste-Enimie** › **Le Rozier** › **Gorges du Tarn** › **Millau** › **Montpellier**

Karte: Seite 105
Distanzen: ca. 380 km; 3–4 Tage

Praktische Hinweise:
• Die Ziele dieser Tour erreicht man am besten per Pkw.
• Ein kostenloser Aussichtspunkt auf den Viadukt von Millau liegt abseits der nördlichen Ausfallstraße N 9. Direkt am Nordende des Viaduktes liegt ein zweiter Aussichtspunkt, der aber nur auf der mautpflichtigen Autobahn Richtung Süden erreichbar ist.

Tour-Start:

Im Norden von **Montpellier** 1 › S. 107 kann man kurz vor der Ortschaft **Ganges** dem imposanten Höhlensystem **Grotte des Demoiselles** einen Besuch abstatten, das ungewöhnlich reich an Tropfsteingebilden ist (Besichtigung im Rahmen von Führungen, Termine unter www.demoiselles.com). Über Ganges, die einstige Hugenottenhochburg **Anduze** 2 › S. 109 und **St-Jean-du-Gard** 3 › S. 109 mit seiner berühmten sechsbogigen Brücke erreicht man mit **Florac** › S. 110 ein Etappenziel, das sich als Ausgangspunkt für Cevennentouren und eine Fahrt über **Ste-Enimie** durch die beeindruckenden **Gorges du Tarn** 4 › S. 110 eignet. In Anbetracht der landschaftlichen Reize und der kurvigen Straße sollte man sich Zeit lassen, um über **Le Rozier** das Städtchen **Millau** 5 › S. 110 zu erreichen, das seit der Fertigstellung des beeindruckenden **Viaduktes von Millau** einen ungeahnten Touristenboom erlebt. Über Lodève kehrt man nach **Montpellier** zurück.

Eselwandern in den Cevennen

Route: Chasseradès › Le Bonnetés › Mont Lozère › Pont-de-Montvert › Mijavols › Florac › La Borie

Karte: Seite 105
Distanzen: ca. 85 km. Chasseradès › Le Bonnetés 18 km; Le Bonnetés › Mont Lozère 11 km; Mont Lozère › Pont Montvert 18 km; Pont-de-Montvert › Mijavols 15 km; Mijavols › La Borie 23 km.

Praktische Hinweise:
• Am besten lässt man die 8-tägige Teilstrecke samt Gepäckesel, Verpflegung und Übernachtung von einem Reisebüro organisieren, z. B.:
Lupe Reisen
Grabenstr. 2 | 53844 Troisdorf
Tel. 02241/84 46 50
www.lupereisen.com; oder
Urlaub & Natur
Schultheiß-Kiefer-Str. 23
76229 Karlsruhe
Tel. 0721/946 36 16
www.urlaubundnatur.de

Touren im Languedoc und in den Cevennen

Tour 9
Strände und stolze Städte
Montpellier › La Grande Motte › Sète › Cap d'Agde › Béziers › Narbonne › Abbaye de Fontfroide › Carcassonne

Tour 10
Durch Schluchten und Täler
Montpellier › Ganges › Anduze › St-Jean-du-Gard › Florac › Ste-Enimie › Le Rozier › Gorges du Tarn › Millau › Montpellier

Tour 11
Eselwandern in den Cevennen
Chasseradès › Le Bonnetés › Mont Lozère › Pont-de-Montvert › Mijavols › Florac › La Borie

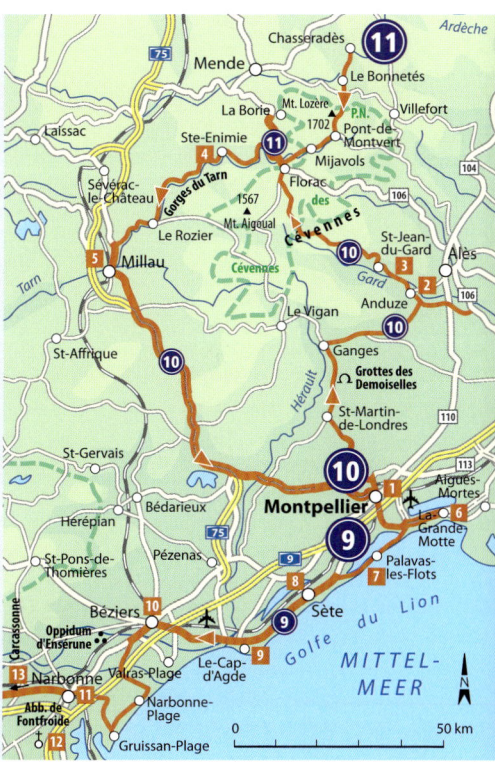

Entdeckung der Langsamkeit: Wandern im Eselstempo

Tour-Start:

Als der »Schatzinsel«-Autor Robert Louis Stevenson in den 1870er-Jahren in Begleitung der Eseldame Modestine die Cevennen durchquerte, konnte er nicht ahnen, dass er mit seinem 1879 veröffentlichten Werk »Eine Reise mit dem Esel durch die Cevennen« einen Wanderklassiker schaffen würde. Heute folgen Touristen seinen Spuren auf dem insgesamt 252 km langen Robert Louis Stevenson-Weg (GR 70) zwischen **Le Puy-en-Velay** › S. 90 und **St-Jean-du-Gard** 3 › S. 109. Die hier vorgestellte Tour stellt ein besonders attraktives Teilstück dar.

Auf der ersten Tagesetappe nach dem Start in **Chasseradès** kommt das mitten im Cevennen-Nationalpark gelegene Granitplateau um den 1702 m hohen **Mont Lozère** in Sicht, das auf der zweiten Tagesetappe erklommen wird. Nächster Aussichtspunkt ist der fast ebenso hohe **Mont Finiels,** auf dem nur Gras und Wildblumen gedeihen und der Blick bis in die Alpen reicht. Schon Stevenson notierte den Reiz des Ortes **Pont-de-Montvert** am Oberlauf des Tarn, in der die Steinhäuser um die hübsche Flussbrücke wie kleine Festungen wirken. Über **Mijavols** geht es nach **Florac** › S. 110, dessen Schloss eine Infozentrale des Cevennen-Nationalparks beherbergt (Tel. 04 66 49 53 00, www.cevennes-parcnational.fr). Endpunkt der Tour ist der Weiler **La Borie.**

Verkehrsmittel

Die wichtigen Städte Montpellier und Toulouse besitzen eine gute Anbindung an das Streckennetz der französischen Bahn. In den abgelegenen Cevennen ist man entweder auf öffentliche Busse oder zumeist sogar auf ein eigenes Fahrzeug angewiesen.

Wichtige Adressen

• http://de.destinationsuddefrance.com: Deutsche Internetseite des Comité Régional du Tourisme der Region Languedoc-Roussillon

- www.cevennen.fr: Deutschsprachige Seite über den Cevennen-Nationalpark, die Départements Ardèche, Lozère und Gard sowie über Geschichte, Natur und Besonderheiten der Region.

- **Maison du Parc:** Informationszentrum des Cevennen-Nationalparks, Château de Florac, 6 bis pl. du Palais, 48400 Florac, Tel. 04 66 49 53 00, www.cevennes-parcnational.fr

Unterwegs in der Region

Montpellier [N10]

Die alte Universitätsstadt Montpellier (253 000 Einw.) ist Boomtown, nicht nur wegen ihrer aktiven Wirtschaftspolitik, die viele Forschungseinrichtungen und Hightechunternehmen anzieht. Auch die hohe Lebensqualität sorgt alljährlich für eine große Zahl von Neuzuzüglern.

Altstadt

Das Herz der Stadt schlägt an der **Place de la Comédie** Ⓐ mit ihren Cafés und der fotogenen Fontaine des Trois Grâces. Sie bietet sich als Ausgangspunkt für einen Bummel durch die Altstadt an, deren Gassen von Herrenhäusern des 17. und 18. Jhs. gesäumt werden. Einige dieser Hôtels bergen schöne Innenhöfe mit repräsentativen Treppenaufgängen wie z.B. der **Palais Jacques-Cœur** Ⓑ in der gleichnamigen Straße. In einem Ambiente aus Alt und Ultramodern präsentiert sich das **Musée Fabre** Ⓒ, das zu den bedeutendsten Kunstmuseen Frankreichs gehört (39, bd. Bonne Nouvelle, Di–So 10–18 Uhr, http://museefabre. montpellier-agglo.com).

Gegenüber dem **Jardin des Plantes,** dem ältesten botanischen Gar-

ten Frankreichs, erhebt sich das **Collège-de-St-Benoît** Ⓓ (14. Jh.), wo heute Medizinstudenten büffeln. Ein Flügel beherbergt das **Musée Atger** Ⓔ, das neben Gemälden (u.a. von Fragonard) auch mittelalterliche Manuskripte zeigt (Mo, Mi, Fr 13.30–17.45 Uhr). Die Kapelle des Kollegs wurde 1563 zur **Cathédrale St-Pierre** Ⓕ erhoben. An dem im 17. und 19. Jh. stark veränderten

Fontaine des Trois Grâces auf der zentralen Place de la Comédie in Montpellier

Sakralbau fällt der von zwei Backsteinsäulen getragene, wuchtige Vorbau ins Auge.

Promenade du Peyrou

An der Nahtstelle zwischen der Altstadt und der im 18. Jh. angelegten Promenade du Peyrou steht der **Arc de Triomphe** G, erbaut zu Ehren von Louis XIV. Eine Reiterstatue des Sonnenkönigs thront in der Mitte des von Baumalleen gesäumten Platzes. Weiter westlich bildet das **Château d'Eau,** ein barocker Wasserspeicher, den Endpunkt eines imposanten zweigeschossigen **Aquädukts.** Von seiner Höhe genießt man bei klarer Sicht einen herrlichen Weitblick bis zum Massif Central.

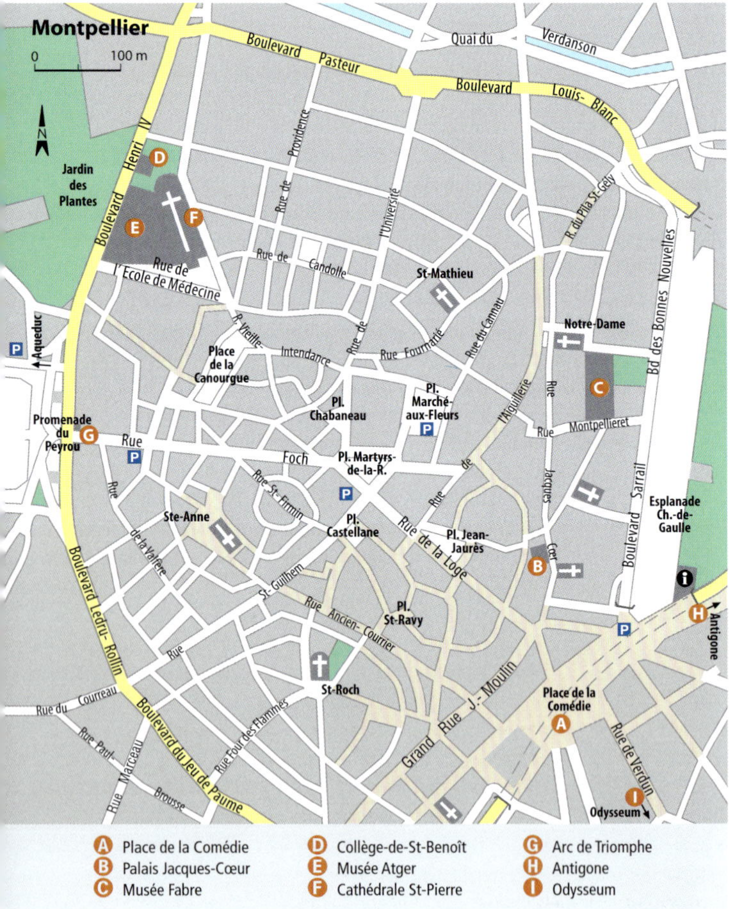
Montpellier
0 100 m
N
Boulevard Pasteur
Quai du Verdanson
Boulevard Louis-Blanc
Boulevard Henri IV
Jardin des Plantes
Rue de Providence
Rue de l'Université
Rue de Candolle
Rue de l'Ecole de Médecine
St-Mathieu
R. du Pila St-Gély
Bd des Bonnes Nouvelles
Notre-Dame
Aqueduc
R. Vieille-Intendance
Rue Fournarié
Rue du Cannau
Place de la Canourgue
Pl. Chabaneau
Pl. Marché-aux-Fleurs
Rue de l'Aiguillerie
Rue Montpellieret
Rue Jacques Cœr
Promenade du Peyrou
Rue Foch
Pl. Martyrs-de-la-R.
Rue St-Firmin
Rue de la Valfère
Ste-Anne
Pl. Castellane
Rue de la Loge
Pl. Jean-Jaurès
Boulevard Sarrail
Esplanade Ch.-de-Gaulle
Antigone
St-Guilhem
Rue Ancien-Courrier
Pl. St-Ravy
Boulevard Ledru-Rollin
St-Roch
Grand Rue J.-Moulin
Place de la Comédie
Rue de Verdun
Odysseum
Rue du Courreau
Rue Paul-Brousse
Rue Marceau
Rue Four des Flammes
Boulevard du Jeu de Paume
A Place de la Comédie
B Palais Jacques-Cœur
C Musée Fabre
D Collège-de-St-Benoît
E Musée Atger
F Cathédrale St-Pierre
G Arc de Triomphe
H Antigone
I Odysseum

Modernes Montpellier

Östlich des Stadtzentrums liegt das 1982 entstandene Viertel **Antigone** ⓗ, für das der katalanische Avantgardearchitekt Ricardo Bofill Anleihen bei der Antike nahm. Hinter seinen ❗ imposanten klassizistischen Fassaden verbergen sich Büros und Sozialwohnungen.

Das **Odysseum** ❶ ist ein modernes, weitläufiges Geschäfts- und Vergnügungsviertel mit Multiplexkino, Planetarium, dem Aquarium Mare Nostrum, Sportstätten, Shops, Kneipen und Restaurants (www.club-onlyou.com/Odysseum).

Info

Office de Tourisme de Montpellier
• 30, allée Jean de Lattre de Tassigny
 34000 Montpellier
 Tel. 04 67 60 60 60
 www.ot-montpellier.fr

Verkehrsmittel

• **Flughafen:** Aéroport Montpellier
 (in Mauguio-Carnon, Ausfahrt 29 von der Autoroute A9, Infos unter www.montpellier.aeroport.fr).
• **Bahn:** TGV-Bahnhof St-Roch (Place Auguste Gibert).
• **Bus:** Zentraler Busbahnhof (20, rue du Grand St-Jean).

Hotel

Royal Hotel €€–€€€
Älteres 3-Sterne-Hotel in zentraler, aber dennoch ruhiger Lage; 46 hell und freundlich eingerichtete Zimmer mit Dusche oder Bad.
• 8, rue Maguelone | 34000 Montpellier
 Tel. 04 67 92 13 36
 www.royalhotelmontpellier.com

Restaurant

Jardin des Sens €€€
❗ Mit einem Michelin-Stern dekoriertes, dennoch nicht überkandideltes Gourmetrestaurant mit schöner Gartenterrasse. Mo/Mi mittags und So geschl.
• 11, ave. St-Lazare | 34000 Montpellier
 Tel. 04 99 58 38 38
 www.jardindessens.com

Anduze ❷ [N8]

Schon für das 13. Jh. ist die Seidenraupenzucht vor Ort nachweisbar. Eine Mitte des 18. Jhs. ausgebrochene Seuche unter den Insekten und der nach dem Bau des Suezkanals billig gewordene Seidenimport setzten dem Gewerbe jedoch ein Ende. Einen Besuch lohnt die 40 ha große **Bambouseraie de Prafrance** mit einem Bambuswald, aus dem die Pandas im Berliner Zoo mit ihrer Lieblingsnahrung versorgt werden (bei Générargues, ca. 5 km außerhalb, März–Mitte Nov. tgl. von 9.30 bis Einbruch der Dämmerung, www.bambouseraie.com).

Der Gardon-Fluss bildet auf der Höhe des Camping de l'Arche ein reizvolles Badeparadies.

St-Jean-du-Gard ❸ [N8]

In dem kleinen Ort (2700 Einw.) präsentiert das **Aquarium** Lebewesen aus tropischen Meeren ebenso wie aus südamerikanischen und asiatischen Flüssen (Avenue de la Résistance, Juni–Aug. tgl. 11–19 Uhr, sonst kürzer).

Zwischen Anduze und St-Jean-du-Gard verkehrt der Touristenzug **Train à Vapeur des Cévennes** mit Dampf- bzw. Dieselloks auf Normalspurstrecke (April–Okt., Fahrplan unter www.trainavapeur.com).

Shopping

Jeden Di vormittag findet in St-Jean-du-Gard einer der größten **Wochenmärkte** im Département statt.

Gorges du Tarn 4 [M8]

Nahe **Florac**, Ausgangspunkt für Kanutouren und andere Outdooraktivitäten, nimmt die eindrucksvolle Schluchtenlandschaft der **Gorges du Tarn** ihren Anfang. Bis zu 400 m ragen die Felswände über dem Bett des Flusses Tarn auf. Entlang der gewundenen Autostraße geben Aussichtspunkte Gelegenheit zum Fotostopp. Die fotogensten Dörfer auf der Fahrt von Florac nach Le Rozier bzw. weiter bis Millau sind **Ste-Enimie** und **Chély-du-Tarn**, wo sich eine alte Steinbrücke über den Fluss spannt. **50 Dinge** ⑦ › **S. 12.**

Hotel

Hôtel Gorges du Tarn €€
Familiäres Haus der Logis-Kette, über die Region hinaus bekannt für sein Gourmetrestaurant **L'Adonis.**
• 48, rue du Pêcher | 48400 Florac
  Tel. 04 66 45 00 63
  www.hotel-gorgesdutarn.com

Millau 5 [L8]

Die ehemalige Gerberstadt liegt am Zusammenfluss von Tarn und Dourbie in einem grünen Tal und ist ein guter Ausgangspunkt für sportliche Aktivitäten auf den Flüssen oder im Bergland. Viele Schaulustige zieht der **Viaduc du Millau** an, von Sir Norman Foster als Teilstück der A 75 von Paris zum Mittelmeer entwor-

Bei einer Bootstour erlebt man die wildromantische Tarn-Schlucht hautnah

fen. Die kühne Stahlkonstruktion ist mit 270 m über der Talsohle **!** die höchste Autobahnbrücke der Welt.

La Grande Motte 6 [N10]

Stolze 6 km Länge besitzt der Strand der in den 1960er-Jahren aus dem Boden gestampften Gemeinde (8500 Einw.). Hierher wollte man die Richtung Spanien fahrenden Badetouristen locken. In die Schlagzeilen geriet La Grande Motte v. a. durch die pyramidenförmige Architektur der Hotels und Apartmenthäuser. Restaurants, Imbisse und Läden säumen die Promenade.

Palavas-les-Flots 7 [N10]

Der Ortskern des einstigen Fischerdorfs wird von neuen Ferienhäusern und Apartmentanlagen beinahe erdrückt. Fast vollständig vom Étang du Prévost umgeben, wirkt die im 12. Jh. umgestaltete **Wehrkirche von Maguelone** mit 2,50 m dicken Mauern und hoch gelegenen Fenstern wie eine Festung.

Sète 8 [N11]

Dass Sète (43 400 Einw.) größter Fischereihafen an diesem Küstenabschnitt ist, verraten nicht nur die im Hafenbecken dümpelnden Boote, sondern auch die Auslagen der Restaurants, in denen sich Meeresfrüchte türmen. Auf dem Boulevard Camille Blanc widmet sich der **Espace Georges Brassens** dem 1921 hier geborenen Chansonnier (www.espace-brassens.fr). Auf dem Friedhof am Abhang des Mont St-Clair liegt dem Meer zugewandt der **Seemannsfriedhof** mit dem Grab des Lyrikers Paul Valéry. Das nahe **Museé Paul Valéry** würdigt sein Leben und Werk (Rue F. Desnoyer, www.museepaulvalery-sete.fr).

Hotel

Hôtel Imperial €–€€
Modernes Haus mit 44 Zimmern und Restaurant, ca. 300 m vom Strand.
• Place Edouard Herriot
34200 Sète | Tel. 04 67 53 28 32
www.hotel-imperial-sete.com

Restaurant

Paris Méditerranée €€
Kleines Lokal mit französischer Küche zu vernünftigen Preisen.
47, rue Pierre Semard | 34200 Sète
Tel. 04 67 74 97 73

Cap d'Agde 9 [M11]

Cap d'Agde gehört zu den Retortenstädten an der Küste des Languedoc. Geworben wird v. a. mit etlichen FKK-Anlagen. Um den Hafen mit Restaurants, Imbissen und Eisdielen findet im Hochsommer ein bunter Touristenzirkus statt. Unweit der Plage de la Conque befindet sich ein **Aquarium** (www.aquarium-agde.com). Ursprünglich geblieben ist der Ort **Agde**. Sind die Sommergäste abgereist, wird es still um die Kathedrale **St-Etienne,** eine ab dem 12. Jh. erbaute Wehrkirche.

Béziers 10 [M11]

Eine Plakette an der **Cathédrale St-Nazaire** erinnert an das blutige Drama, als das königlich-päpstliche Heer die Stadt während der Albigenserkriege niederbrannte und die romanische Kirche geschleift wurde. An Ort und Stelle erhebt sich heute der gotische Nachfolgebau mit sehenswertem spätgotischem Sterngewölbe über der Sakristei. Im **Musée du Biterrois** in Kasernen aus dem 17. Jh. wird die Stadtgeschichte von der Antike bis heute dokumentiert (Rampe du 96ème, Juni–Sept. Di–So 10–18, Okt.–Mai Di–Fr 10–17, Sa, So 10–18 Uhr).

Am Canal du Midi ist ein technisches Meisterwerk zu bestaunen: Pierre-Paul Riquet › **Seitenblick S. 113** konstruierte hier mit den **Écluses de Fonseranes** eine aus neun Kammern bestehende Schleusentreppe, in der Schiffe einen Höhenunterschied von fast 14 m bewältigen.

Narbonne 11 [L11]

Weinbau, Fischerei, ein fruchtbares Hinterland und nicht zuletzt die verkehrsgünstige Lage ließen den Handel in der Stadt (51 000 Einw.) von jeher blühen.

Von der gotischen **Cathédrale St-Just,** 1272 nach Plänen von Jean Deschamps begonnen, wurde nur der Chor fertiggestellt. Als einer der höchsten des Landes birgt er u. a. meisterhaft restaurierte Glasfenster (14. bis 16. Jh.). Im angebauten **Palais des Archevêques**, dem ehemaligen Palast des Erzbischofs, versammelt das Musée Archéologique Funde aus Narbonnes Römerzeit. Am Canal du Midi entlang kommt man beim Pont de la Liberté zur **Markthalle** (tgl. 7–13 Uhr), in der Händler und *traiteurs* regionale Gaumenfreuden anbieten.

Hotel

Hôtel du Midi €
Freundliches, relativ preiswertes Hotel in der Altstadt mit 45 klimatisierten Zimmern und gutem Restaurant.
• 4, ave. de Toulouse
   11100 Narbonne
   Tel. 04 68 41 04 62
   www.hoteldumidi.net

Restaurant

Brasserie Le Capitole €€
Lokal mit Jugendstildekor und guter regionaler Küche.
• 33–35, ave. Pierre Semard
   11100 Narbonne | Tel. 04 68 32 27 35

Abbaye de Fontfroide 12 [L12]

Die südwestlich von Narbonne versteckt in einem ruhigen Tal gelegene Abtei wurde 1093 gegründet und gut 50 Jahre später von Zisterziensern übernommen, die gegen die Katharerbewegung kämpften. Das Kloster hatte unter den Zerstörungen der Revolution kaum zu leiden und gilt als eines der besterhaltenen des Midi. Kreuzgang und Kapitelsaal sind ▐ Juwelen romanischer Baukunst (einstündige Führungen von 10–18 Uhr, im Winter kürzer, www.fontfroide.com).

Carcassonne 13 [K11]

Auf einer Anhöhe liegend, wirkt die von einem doppelten Mauerring und über 50 Wehrtürmen umgebene **Cité** 10, die mittelalterliche Oberstadt von Carcassonne, wie eine beeindruckende Theaterkulisse. Während der Albigenserkreuzzüge bot die im 12. Jh. errichtete Gemeinde vielen Katharern Zuflucht. Im 13. und 14. Jh. ausgebaut, verfiel die Anlage seit dem 17. Jh. zusehends, bis der Kunsttheoretiker Viollet-le-Duc im 19. Jh. für eine umfassende Restaurierung sorgte und so einer touristischen Topattraktion den Boden bereitete. Heute sind die engen Gassen und verwinkelten Plätze voller Geschäfte, Souvenirläden, Cafés und Restaurants, die sich um die **Basilique St-Nazaire** und das **Château Comtal** scharen. In der Fluchtburg zeigt heute das **Musée Lapidaire** Funde aus galloömischer

Zeit und mittelalterliche Steinmetzarbeiten. Ein Gang über die Stadtmauer verschafft interessante Ausblicke auf den mittelalterlichen Ortskern (April–Sept. tgl. 10–18.30, Okt.–März 9.30–17 Uhr).

Hotel

Best Western Le Donjon €€€
56 Zimmer und 6 Suiten innerhalb der Mauern in drei Gebäuden; am schönsten ist die Maison du Comte Roger.
• 2, rue du Comte Roger
  11000 Carcassonne
  Tel. 04 68 11 23 00
  www.hotel-donjon.fr

Restaurant

Auberge de Dame Carcas €€
In der Cité gelegen; Spezialitäten sind regionale Gerichte wie *Cassoulet,* Entenbrust und Spanferkel. Mi geschl.
• 3, pl. du Château | 11000 Carcassonne
  Tel. 04 68 71 23 23
  www.damecarcas.com

SEITENBLICK

Geniestreich eines Ingenieurs – der Canal du Midi

Der Bau einer schiffbaren Verbindung zwischen Mittelmeer und Atlantik galt den Zeitgenossen von Pierre-Paul Riquet als unmöglich. Doch sein Lebenswerk, der Kanal zwischen dem Mittelmeerhafen Sète und der Handelsstadt Toulouse, belehrte sie eines Besseren. Mit der Errichtung von zwei Talsperren in der Montagne Noire gelang es ihm, Wasser für die Flutung des Kanals zu bekommen. So wurde das schwierigste Hindernis auf der ganzen Strecke, der Naurouze-Pass, überwunden.

Dank seiner guten Verbindungen zum Königshaus konnte Riquet 1666 mit den Arbeiten beginnen. Rund 260 km mussten sich die Bautrupps durch das Gelände graben, über 60 Schleusen und mehr als 120 Brücken waren zu planen. 15 000 Arbeiter waren 18 Jahre (1666–1684) lang beschäftigt, bevor das erste Schiff den Anker lichten konnte. Riquet starb sechs Monate vor Fertigstellung des Kanals. In Port-Lauragais, einer kleinen Marina unweit von Castelnaudary, informiert das **Centre Pierre-Paul Riquet** über das Lebenswerk des genialen Ingenieurs (tgl. 10–18 Uhr). 1997 wurde der Kanal von der UNESCO zum Weltkulturerbe erklärt.

FRANZÖSISCHE PYRENÄEN

Kleine Inspiration

- **Auf den Spuren der Fauves** wandeln – in der ehemaligen Künstlerkolonie Collioure › S. 120
- **In den Katharerburgen** Quéribus und Peyrepertuse eines der finstersten Kapitel mittelalterlicher Geschichte kennenlernen › S. 121
- **Mit dem Petit Train Jaune** eine Fahrt durch das weltentrückte Tal der Tête unternehmen › S. 122
- **In Lourdes** an der heiligen Quelle die Macht des Wunderglaubens erleben › S. 125

Bordeaux

Marseille

Zwischen Perpignan und Narbonne ist man bestrebt, seine kulturelle Eigenständigkeit zu wahren. Von der bewegten Geschichte der Region künden die Ruinen trutziger Katharerburgen und mauerumwehrte Städte.

Zwischen Mittelmeer und Atlantik ragen die bis zu 3400 m hohen Pyrenäen auf. Ihr Wasserreichtum sorgt für viele Gebirgsseen und eine vergleichsweise üppige Vegetation. Zwischen den einzelnen Tälern gab es früher kaum Verbindungen, wodurch sich kulturelle Eigenarten lange erhalten haben. Quer durch das Gebirge mit mehreren Dutzend über 3000 m hohen Gipfeln verläuft die politische Grenze zwischen Frankreich und Spanien bzw. Andorra. Hüben wie drüben sprechen Katalanen, Gascogner und Basken die gleiche Sprache.

Alte, verborgene Klöster erzählen von längst vergangenen Zeiten, in denen die Katharer eine bedeutende Rolle spielten. Im 12. Jh. besaß die weltabgewandte Glaubensrichtung der »Reinen« großen Einfluss in mehreren Teilen Westeuropas, bevor die bis 1229 tobenden blutigen Albigenserkriege die blühende Kultur des Midi auslöschten. Von einer wechselhaften Vergangenheit zeugen Burgruinen wie Quéribus und Peyrepertuse sowie mauerumwehrte Städte. Katalanisches Flair ist in Perpignan und Umgebung allgegenwärtig.

Touren in der Region

Tour 12

Berge, Burgen, Badestrände

Route: Perpignan › Quéribus › Peyrepertuse › Foix › Ax-les-Thermes › Mont-Louis › St-Martin-du-Canigou › St-Michel-de-Cuxa › Banyuls-sur-Mer › Collioure › Elne › Perpignan

Karte: Seite 116
Distanzen: ca. 460 km; 3–5 Tage

Petit Train Jaune auf dem Viaduc Séjourné

Verkehrsmittel:
• Diese Tour unternimmt man am besten mit dem eigenen Pkw.
• Nach Collioure und Banyuls-sur-Mer gelangt man von Perpignan aus per TER-Zug in ca. 30 Min. (www.ter-sncf.com).

Tour-Start:

Von Frankreichs südlichster Großstadt **Perpignan 1** › S. 119 führt die erste Etappe der Tour ins Land der Katharer zur Ruine des **Château de Quéribus 5** › S. 121, in dem sich die

Touren in den Französischen Pyrenäen und im Südwesten

Tour 12

Berge, Burgen, Badestrände › S. 115

Perpignan › Quéribus › Peyrepertuse › Foix › Ax-les-Thermes › Mont-Louis › St-Martin-du-Canigou › St-Michel-de-Cuxa › Banyuls-sur-Mer › Collioure › Elne › Perpignan

Tour 13

Von Perpignan nach Biarritz › S. 118

Perpignan › Foix › St-Bertrand-de- Commingers › Tarbes › Lourdes › Pau › St-Jean-Pied-de-Port › Biarritz

Tour 14

Meer, Reben und Steinzeit › S. 128

Bordeaux › Royan › Rochefort › La Rochelle › Saintes › Cognac › Angoulême › Limoges › Périgueux › Lascaux › Sarlat-la-Canéda › Les Eyzies-de-Tayac › St-Emilion › Bordeaux

Tour 15

Radtour an der Silberküste › S. 129

Royan › Soulac-sur-Mer › Arcachon › Biscarosse › Mimizan-Plage › Hossegor › Capbreton › Bayonne

Tour 16

Im Tal der Charente › S. 129

Cognac › Bourg-Charente › Jarnac › Chateauneuf-sur-Charente › Angoulême

letzten Widerständler dieser religiösen Bewegung Mitte des 13. Jhs. den Truppen des französischen Königs ergaben. Ein ähnliches Schicksal war dem nahen **Château de Peyrepertuse** 6 › S. 121 beschieden. Auch das Städtchen **Foix** 11 › S. 123 mit seiner wehrhaften Festung schrieb als Katharerbastion Geschichte. Weiter südlich führt die Tour über den Badeort **Ax-les-Thermes** und die von mächtigen Wällen geschützte Vauban-Festung **Mont-Louis** 10 › S. 123 ins herrliche Tal des Flüsschens Têt. Von hier aus erreicht man die beiden romanischen Klöster **St-Martin-du-Canigou** 9 › S. 123 und **St-Michel-de-Cuxa** 7 › S. 121 im Schatten hoher Pyrenäengipfel. In **Banyuls-sur-Mer** 4 › S. 120 an der Côte Vermeille trifft man auf die Mittelmeerküste und kann sich in der ehemaligen Künstlerkolonie **Collioure** 3 › S. 120 beim Baden am Stadtstrand oder beim Bummel durch die Altstadt erholen, bevor man über die alte Bischofsstadt **Elne** 2 › S. 120 mit ihrer schönen romanischen Kathedrale nach **Perpignan** zurückkehrt.

Von Perpignan nach Biarritz

Tour 13

Route: Perpignan › Foix › St-Bertrand-de-Comminges › Tarbes › Lourdes › Pau › St-Jean- Pied-de-Port › Biarritz

Karte: Seite 116
Distanzen: 500 km; 4–5 Tage

Verkehrsmittel:
• Pau und Biarritz liegen am Schienennetz der französischen SNCF. Ansonsten ist man bei dieser Tour auf einen Pkw angewiesen.

Tour-Start:

Mal zu Füßen des Gebirges, mal auf den Höhen der Pyrenäen ist man auf dieser Tour unterwegs. Von **Perpignan** 1 › S. 119 gelangt man auf der D 117 in das idyllisch von Bergen umrahmte **Foix** 11 › S. 123. Schon von Weitem ist die Burg mit ihren drei markanten Türmen zu erblicken, die ein historisches Museum beherbergt.

Zu den Höhepunkten dieser Tour gehört ein Besuch im mauerumwehrten **St-Bertrand-de-Comminges** 12 › S. 124. Wo Feldherr Pompeius eine der ersten römischen Siedlungen in Gallien gründete, steht heute die überaus beeindruckende Cathédrale Ste-Marie.

Tarbes 13 › S. 124 ist hauptsächlich wegen des dortigen Nationalgestüts ein lohnendes Etappenziel. Jahr für Jahr zieht **Lourdes** 14 › S. 125, der bekannteste Wallfahrtsort Frankreichs, Millionen von Pilgern an. Viel gelassener geht es in der alten Residenzstadt **Pau** 15 › S. 125 zu, in deren Renaissanceschloss der spätere Henri IV. das Licht der Welt erblickte. Im Umkreis des historischen Gemäuers kann man in Restaurants und Straßencafés die unbeschwerte Atmosphäre genießen. Während Pau im Pyrenäenvorland liegt, befindet sich

St-Jean-Pied-de-Port 16 › **S. 126** mitten im Gebirge und macht mit einer wuchtigen Festung auf seine historische Lage an der französisch-spanischen Grenze aufmerksam. Von hier ist in etwa 1 Std. **Biarritz** › **S. 137** erreicht, der größte und mondänste Badeort an der Atlantikküste.

Verkehrsmittel

Während größere Städte wie Perpignan, Toulouse, Pau, Lourdes und Biarritz per Bahn zu erreichen sind, ist man in den Pyrenäen auf regionale Busse oder einen Pkw angewiesen. Der **Petit Train Jaune** › **S. 122** überquert auf seiner Fahrt von Villefranche-de-Conflent nach Latour-de-Coral u. a. den Pont de Gisclard, eine 80 m hohe Hängebrücke.

Wichtige Adresse

Comité Régional du Tourisme Midi-Pyrénées

- 15, rue Rivals | 31685 Toulouse
  Tel. 05 61 13 55 55
  www.tourismus-midi-pyrenees.de

Unterwegs in der Region

Am Mittelmeer

Perpignan 1 ⭐ [L13]

Die Stadt (117 000 Einw.) gehörte ab dem 13. Jh. für rund 60 Jahre zum Königreich Mallorca. Aus dieser Zeit stammt das **Palais des Rois de Majorque** (Rue des Archers, im Sommer tgl. 10–18, sonst 9–17 Uhr). Wahrzeichen der Stadt ist das 1368 aus Ziegeln erbaute **Castillet**, der nördlichste Teil einer historischen Festungsanlage, in dem heute das **Musée d'Histoire de la Catalogne Nord** volkskundliche Ausstellungen zeigt (Place de Verdun, Di–So 10.30–18 Uhr). An der zentralen **Place de la Loge,** wo vom 14. bis 16. Jh. die Seehandelsbörse ihren Sitz hatte, wird im Sommer die volkstümliche Sardana getanzt. Im Hof des nahen **Rathauses** verkörpert die Frauenskulptur »La Méditerranée« des Bildhauers Aristide Maillol das Mittelmeer.

Am malerischen **Quai Vauban** säumen nette Restaurants und Straßencafés das Ufer der Basse, hier kann man im Schatten alter Platanen eine Pause einlegen und bei einer Tasse Kaffee oder einem Glas Wein die lebhafte Atmosphäre der Stadt genießen.

Info

Office de Tourisme

- Place François Arago
  66000 Perpignan
  Tel. 04 68 66 30 30
  www.perpignantourisme.com

Hotel

Hôtel Alexander €–€€

Modernes Mittelklassehotel zwischen Basse und Têt mit 25 gepflegten Zimmern; eigene Parkgarage; Restaurant mit traditioneller Küche.

- 15, bd. Georges Clémenceau
  66000 Perpignan | Tel. 04 68 35 41 41
  www.hotel-alexander.fr

Der Stadtstrand von Collioure

Restaurant

La Passerelle €
Fisch und Meerestiere in maritimem
Ambiente. Mo mittags, So geschl.
- 1, cours Palmarole | 66000 Perpignan
  Tel. 04 68 51 30 65

Elne 2 [L13]

Obstplantagen und Weinberge umgeben die in einer fruchtbaren Ebene gelegene ehemalige Bischofsstadt
(7500 Einw.). Ihre Altstadt wird von
der romanischen **Cathédrale Ste-Eu-
lalie-et-Ste-Julie** überragt. Der vom
12. bis 14. Jh. errichtete Kreuzgang
besitzt außergewöhnlich kunstvoll
gearbeitete romanische Kapitelle
(Mai–Sept. tgl. 10–19, sonst Di–So
10–12, 14–18 Uhr).

Im **Tropique du Papillon** an der
Straße nach Argelès-sur-Mer kann
man in einer riesigen Volière exoti-

sche Falter bewundern (RN 114,
Juli/Aug. tgl. 10–19, sonst 10–12.30,
14.30–18 Uhr, www.tropique-du-
papillon.com).

Collioure 3 [L13]

Das **Château Royal** am Hafen (Juli/
Aug. tgl. 10–19, sonst 9–17 Uhr)
konstruierte Vauban. Von den Zin-
nen hat man einen berückenden
Blick auf den fotogenen Ort und die
steile Côte Vermeille. Die Festung
diente vielen Malern als Motiv, insbesondere den Fauves, die Collioure
ab 1904 gern besuchten. Matisse
und Derain hielten ihre wuchtigen
Mauern auf berühmten Gemälden
fest, Reproduktionen dieser und
anderer Ansichten von Collioure
zeigt am Ort ihrer Entstehung der
Chemin du Fauvisme.

Mitten im Zentrum von Collioure lädt ein kleiner Kieselstrand
zum Baden ein – nur einen Steinwurf von den Cafés und Restaurants
an der Promenade entfernt.

Hotel

Hostellerie des Templiers €–€€€
Ehemaliger Künstlertreff, dessen Wände
Werke von Künstlern wie Picasso, Matisse
und Dalí schmücken; auf Fischgerichte
spezialisiertes Restaurant.
- 12, quai de l'Amirauté
  66190 Collioure | Tel. 04 68 98 31 10
  www.hotel-templiers.com

Banyuls-sur-Mer 4 [L14]

In dem für seinen gleichnamigen
Süßwein bekannten Ort (4600 Einw.)
wurde der Bildhauer Aristide Maillol geboren, der die Frauen gerne
mit üppigen Formen darstellte. Ein

kleines, intimes **Museum** widmet sich seinem Leben und Werk (Vallée de la Roume, Mi–Mo 10–12, 16–19 Uhr, im Winter kürzer).

Die Küstengewässer vor Banyuls zählen zu den schönsten Tauchrevieren von Südfrankreich. Ohne Schnorchel oder Lungenautomat kann man die Unterwasserwelt im **Biodiversarium** am südlichen Stadtrand studieren (Ave. du Fontaulé, im Sommer tgl. 10–12.30, 14–18 Uhr, www.biodiversarium.fr).

Hotel

Hôtel Les Elmes €€
Unterkunft direkt am Sandstrand; Zimmer mit schallisolierten Fenstern; Restaurant mit Terrasse zum Meer.
• Plage des Elmes
  66650 Banyuls-sur-Mer
  Tel. 04 68 88 03 12
  www.hotel-des-elmes.com

Aktivitäten

Tauchausflüge organisieren die bewährten Anbieter **Aqua Blue Plongée** (www.aquablue-plongee.com) und **Rederis Sub** (www.rederis.com).

Im Hinterland der Küste

Château de Québribus 5 [K12]

Die 728 m hoch auf einem Felssporn gebaute Anlage wurde seit dem 11. Jh. als Grenzsicherungsposten genutzt. Später diente sie den Katharern als letzte Fluchtburg, bevor sie sich den Truppen des französischen Königs ergaben. Die heutige eindrucksvolle Ruine stammt größtenteils aus der zweiten Hälfte des 13. Jhs. Ihr Kernstück bildet der mächtige Donjon (Wohnturm) mit einem hervorragend erhaltenen gotischen Gewölbesaal (bei Cucugnan; Aufstieg vom Parkplatz ca. 15 Min., April–Sept. tgl. 9.30–19, Juli/Aug. 9–20, Okt. 10–18.30, März 10–17.30, Nov.–Jan. 10–17 Uhr, www.cucugnan.fr/queribus-cucugnan).

Château de Peyrepertuse 6 [K12]

Peyrepertuse ist die größte und eindrucksvollste Katharerfeste. Die Burg nimmt fast das gesamte, von 800 m hohen Steilwänden begrenzte Hochplateau ein. Die Anlage besteht aus zwei Teilen: der älteren Enceinte Basse (11. Jh.) mit Kapelle und Wohntrakt sowie der höher gelegenen Burg San Jordi, von deren Donjon man einen Panoramablick auf die Mittelmeerküste und die Pyrenäen hat. Die zur Burg führende Treppe ließ Ludwig der Heilige um 1242 in Stein hauen (bei Duilhac-sous-Peyrepertuse, vom Parkplatz ca. 15 Min. Aufstieg, Mai/Juni, Sept. tgl. 9–19, April 9.30–19, Juli/Aug. 9–20, März, Okt. 10–18, Febr. 10–17, Jan., Nov./Dez. 10–16.30 Uhr, www.chateau-peyrepertuse.com).

St-Michel-de-Cuxa 7 [K13]

Das 3 km südlich von **Prades** gelegene Kloster gibt sich mit einem kantigen Glockenturm aus dem 10. Jh. zu erkennen. Die einst bedeutende Abtei wurde nach der Französischen Revolution aufgelöst, die Gebäude verfielen.

Der amerikanische Bildhauer Georges Grey Barnard erwarb Anfang des 20. Jhs. einen Teil der romanischen Kapitelle. Sie bildeten den Grundstock des Museums The Cloisters in New York.

Vor Ort rekonstruierte man aus verbliebenen Resten zwei Flügel des Kreuzgangs, der **!** ursprünglich der älteste im Roussillon war und viele weitere Sakralbauten der Region beeinflusste (D 27 in Richtung Coda-

---

! Erst-klassig

Die bedeutendsten romanischen Klöster

....

- Vor allem durch ihre abgeschiedene Lage im Sénancole-Tal imponiert die **Abbaye de Sénanque** in der Provence › **S. 93**.
- **St-Trophîme** in Arles prunkt mit reichem Skulpturenschmuck am Portal und im Kreuzgang › **S. 99**.
- Auf eine fast 1000-jährige Geschichte blickt die **Abbaye de Fontfroide** südwestlich von Narbonne zurück › **S. 112**.
- **St-Michel-de-Cuxa** bei Prades ist ein seltenes Beispiel präromanischer Baukunst › **S. 121**.
- Das auf einem steilen Felsen inmitten einsamer Bergwelt errichtete Kloster **St-Martin-du-Canigou** gleicht einer Festung › **S. 123**.
- **St-Bertrand-de-Comminges** war eine wichtige Station auf dem Jakobsweg › **S. 124**.
- Einen unermesslich kostbaren Kirchenschatz besitzt die **Abbaye Ste-Foy** in Conques › **S. 141**.

---

let, Taurinya, Fillols, April–Sept. tgl. 9.30–11.50, 14–18, Okt.–März 9.30 bis 11.50, 14–17 Uhr, Gruppenführungen auch auf Deutsch nach Anmeldung unter Tel. 04 68 96 15 35, http://abbaye-cuxa.com).

Villefranche-de-Conflent 8 [K13]

Der strategisch bedeutende Ort wurde schon im Mittelalter befestigt; im 17. Jh. fügte Vauban massive Wälle und das **Fort Libéria** hinzu, das über einen pittoresken Stadtkern wacht. Von Villefranche kann man mit dem **Petit Train Jaune** das herrliche Tal der Têt erkunden. Die Schmalspurbahn zockelt gemächlich durch 19 Tunnel und über 22 Brücken (www.pyrenees-cerdagne.com/fr/le-train-jaune).

Pic du Canigou

Der 2784 m hohe Pic du Canigou wird von den Einwohnern Kataloniens als heiliger Berg verehrt. Der Legende nach soll ihn König Peter III. von Katalonien 1285 als erster Mensch bestiegen haben. Sein von November bis April mit Schnee bedeckter Gipfel ist relativ leicht zu besteigen. Es gibt mehrere Aufstiegsrouten, über die man sich am besten beim Office de Tourisme in Vernet les Bains › **S. 123** informiert. Hilfreiche Infos findet man auch unter der Webadresse www.canigo-grandsitedefrance.fr. Die eigentliche Wanderung beginnen die meisten Bergsteiger bei der Schutzhütte **Chalet des Cortalets** (Mitte Mai–Mitte Okt., 112 Schlafplätze und Verpflegung, http://cortalets.com).

St-Martin-du-Canigou **9** [K14]

Die Ursprünge der romanischen Abtei lassen sich bis ins 11. Jh. zurückverfolgen. **!** Wuchtige Säulen stützen das Tonnengewölbe der Oberkirche. Ein Kapitell mit Szenen aus dem Leben des hl. Martin dient als Altarstein. Kaum vorstellbar, welche Mühe es gekostet haben muss, das Kloster auf dem abschüssigen Felshang zu erbauen, wenn heute schon die Anfahrt aus dem Tal der Têt über die D 116 mit Allradwagen oder die 40-minütige Wanderung ab Vernet-les-Bains zum spektakulären Erlebnis werden.

Info

Office de Tourisme Vernet-Les-Bains
Organisiert den Transport zum Kloster.
• 2, rue de la Chapelle
   66820 Vernet-les-Bains
   Tel. 04 68 05 55 35
   www.vernet-les-bains.fr

Mont-Louis **10** [J14]

Hauptattraktion von Mont-Louis ist die 1679–81 von Vauban erbaute Festung. Louis XIV. gab sie in Auftrag, um nach dem Pyrenäenfrieden von 1659 die neue französisch-spanische Grenze zu sichern. Der 1600 m hoch gelegene Ort ist auch für seinen **Solarofen** bekannt. Er erreicht Temperaturen von 3500 °C und dient Forschungszwecken (Führungen tgl. 10, 11, 14, 15, 16 und 17 Uhr, im Sommer häufiger, www.mont-louis.net/foursolaire.htm).

   Von Mont-Louis aus wird der **Parc Naturel Régional des Pyrenées Catalanes** verwaltet, der sich zwischen Vernet-les-Bains im Osten und der spanischen Grenze bei Bourg-Madame erstreckt. Auf seinem Areal stehen nicht nur Berge und Wälder mit einzigartiger Flora und Fauna unter Schutz, sondern auch ein reiches architektonisches und bäuerliches Erbe (1, rue Dagobert, Tel. 04 68 04 97 60, www.parc-pyrenees-catalanes.fr).

Foix **11** [H12]

Foix (10 000 Einw.) liegt im mittleren Pyrenäengebiet. In den Räumen des aus drei großen Türmen und einem verbindenden Wohnbau bestehenden **Château de Foix** informieren Ausstellungen über die Geschichte der Anlage und der Stadt (Juli/Aug. tgl. 10–18, sonst mindestens 9.45–12, 14–17.30 Uhr, Jan. geschl.). Die Grafen von Foix, aus deren Geschlecht auch König Henri IV. stammte, waren keine Katharer, gewährten diesen aber in ihrer fast uneinnehmbaren Festung Zuflucht vor den Kreuzrittern. Von der Terrasse zwischen den Burgtürmen genießt man einen herrlichen Panoramablick über Foix, das Ariège-Tal und die Berge.

Hotel

Hôtel Lons €–€€
Haus der Logis-Kette mit 38 einfachen Zimmern. Das Restaurant serviert landestypische Küche, im Sommer auf der hübschen Terrasse über der Ariège.
• 6, pl. Georges Dutilh | 09000 Foix
   Tel. 05 34 09 28 00
   www.hotel-lons-foix.com

Blick auf St-Bertrand-de-Comminges vom Kirchlein St-Just-de-Valcabrère aus

Restaurant

Le Phoebus €

Einfallsreiche Landesküche. Vom Speisesaal blickt man auf die Burg. Sa mittags, So abends und Mo geschl.

• 3, cours Irénée Cros | 09000 Foix
Tel. 05 61 65 10 42
www.ariege.com/le-phoebus

St-Bertrand-de-Comminges 12 [F12]

Auf den Resten einer antiken Siedlung entstand um 1120 auf einem Hügel die **Cathédrale Ste-Marie** ⭐, von der das ursprüngliche Eingangsportal erhalten ist. Der spätere Bischof Bertrand, der im 13. Jh. als Clemens V. erster Papst in Avignon war, begann mit dem 1532 vollendeten Ausbau. Im Inneren beeindrucken vor allem der Lettner und das meisterlich geschnitzte Chorgestühl mit einem prachtvollen Bischofsthron im Stil der Renaissance.

Die ❗ Kapitelle im Kreuzgang des Klosters zeigen biblische Szenen.

In den steilen Gassen spaziert man an Häusern aus dem 15. und 16. Jh. vorbei, in deren Mauern teils verbliebenes Steinmaterial der antiken Siedlung verbaut wurde. Überwiegend aus dem Stein antiker Sarkophage errichtete man auch die romanische Basilika **St-Just-de-Valcabrère**, die unterhalb des Ortes mitten auf einem Feld steht.

Tarbes 13 [E11]

In der ehemaligen Garnisonsstadt (43 000 Einw.) wurde das **Geburtshaus von Marschall Foch** in ein Museum umgewandelt. Schriftstücke und persönliche Gegenstände dokumentieren das Leben des berühmten Militärstrategen, der im Ersten Weltkrieg das Kommando über die gesamte Westfront innehatte (2, rue de la Victoire, Mi–Mo 9.30–12.15, 14–17.15 Uhr).

Im Nationalgestüt **Le Haras** werden neben arabischen und anglo-arabischen Rassen auch heimische Mérens-Pferde gezüchtet, die schon Cäsar bekannt waren. Die Tiere sind im gepflegten Park zu bewundern; im Rahmen eindrucksvoller Vorführungen zeigen sie ihr Können (70, rue du Régiment de Bigorre, Tel. 05 62 56 31 01, www.haras-nationaux.fr).

Lourdes 14 [D12]

Die Stadt (15 600 Einw.) mit ihrer als heilkräftig geltenden Quelle ist Frankreichs bedeutendster Wallfahrtsort. Bei der **Grotte,** in der Bernadette Soubirous 1858 mehrfach die Jungfrau Maria erschienen sein soll, steht die Cité religieuse mit der neubyzantinischen **Rosenkranzbasilika** und der neugotischen **Oberen Basilika.** Dankbare Pilger stifteten unzählige Votivtafeln. Die unterirdische **Pius X.-Basilika** aus den 1950er-Jahren bietet 20 000 Pilgern Platz. In der historischen Altstadt ist das **Geburtshaus der Bernadette** der Öffentlichkeit als Museum zugänglich (2, rue Bernadette Soubirous, Ostern–Okt. tgl. 9–12, 14–18.30 Uhr, sonst kürzer).

Das auf einem Felssporn erbaute Château Fort überragt die Altstadt von Lourdes. Dort präsentiert das **Musée Pyrénéen** Volkskunst und Traditionen der Region von Perpignan bis Biarritz. Vom Donjon überblickt man den gesamten Pilgerbezirk (Juni tgl. 9–18.30, Juli–Sept. 9–19, sonst 9–12, 13.30 bzw. 14–18 Uhr, www.chateaufort-lourdes.fr).

Info

Office de Tourisme
• 1, pl. Peyramale
65101 Lourdes
Tel. 05 62 42 77 40
www.lourdes-infotourisme.com

Hotel

Grand Hôtel d'Angleterre €–€€
Stadthotel nahe der Grotte; 56 funktionell ausgestattete Zimmer; Restaurant mit Regionalküche.
• 4, rue St-Joseph
65100 Lourdes
Tel. 05 62 94 00 15
www.angleterrehotel.fr

Pau 15 ⭐ [D11]

In der reizvoll im Vorland der Pyrenäen gelegenen Residenzstadt (81 000 Einw.) erblickte anno 1553 Henri d'Albret das Licht der Welt. In die Geschichte ging er als Henri IV., König von Frankreich, ein. Er beendete 1598 mit dem Edikt von Nantes die Religionskriege und bemühte sich um den wirtschaftlichen Aufschwung des Landes. Seine Wiege steht im weißen **Renaissanceschloss** von Pau, dessen Bergfried aus dem 14. Jh. stammt. Im Schlossmuseum sind u. a. die Wohnräume des letzten Kaiserpaars von Frankreich und eine bedeutende Gobelin-Sammlung zu besichtigen (Führungen Mitte Juni–Mitte Sept. tgl. 9.30–12.30, 13.30–18.45 Uhr, sonst 9.30–11.45, 14–17 Uhr, http://chateau-pau.fr).

Vom Boulevard des Pyrénées unterhalb des Schlosses genießt man bei klarem Wetter ein prächtiges Bergpanorama.

Mittelalterliche Häuser an der Nive in
St-Jean-Pied-de-Port

ern aus dem 15. Jh., war einst Hauptstadt von Nieder-Navarra. Darüber erhebt sich eine wuchtige **Festung.** Eine gepflasterte Straße führt vom mittelalterlichen Stadttor auf den Berg, vorbei an navarresischen Häusern aus rotem Sandstein.

St-Jean-Pied-de-Port ist die letzte Pilgerstation vor dem Aufstieg zum Pass **Roncesvalles,** wo Roland, ein Heerführer Karls des Großen, 778 in einer Schlacht gegen die Basken fiel. Im Rolandslied, einem altfranzösischen Epos, wird der Held besungen.

Einen Besuch lohnt auch das **Musée des Beaux-Arts,** das Werke holländischer, flämischer, spanischer, italienischer und französischer Meister aus dem 15. bis 20. Jh. zeigt (Rue Matthieu Lalanne, tgl. außer Di 10–12, 14–18 Uhr).

Hotel

Hôtel de Gramont €€
In einem ehemaligen Postgebäude des 18. Jhs. nicht weit vom Schloss; 35 individuell gestaltete Zimmer.
• 3, pl. Gramont
  64000 Pau
  Tel. 05 59 27 84 04
  www.hotelgramont.com

St-Jean-Pied-de-Port 16 [B12]

Der baskische Teil der Pyrenäen beginnt bei diesem vielbesuchten kleinen Touristenort (1500 Einw.). Die pittoreske Oberstadt auf dem rechten Nive-Ufer, umgeben von Mau-

Hotels

Hôtel Les Pyrénées €€€
Gepflegtes Haus der Relais et Châteaux-Kette mit modern gestalteten Zimmern, Restaurant und Pool im Garten.
• 19, pl. du Général du Gaulle
  64220 St-Jean-Pied-de-Port
  Tel. 05 59 37 01 01
  www.hotel-les-pyrenees.com

**Hotel Restaurant des
Sources de la Nive** €
Angenehmes mittelgroßes Haus mit gutem Restaurant, ca. 13 km südöstlich von St-Jean. Ideal für Wanderer.
• 64220 Esterençuby
  Tel. 05 59 37 10 57
  www.hotel-sourcesdelanive.com

Shopping

Ein hübsches Souvenir, das man in vielen Geschäften der Stadt findet, sind dekorativ auf Schnüre gezogene **Espelette-Pfefferschoten.**

Albi mit der Cathédrale Ste-Cécile und dem Vieux Pont über den Fluss Tarn

DER SÜDWESTEN

Kleine Inspiration

- **An der Grand Plage** in Biarritz den waghalsigen Manövern der Surfer zusehen › S. 137
- **In der Höhle von Lascaux** eine faszinierende Reise in die Altsteinzeit antreten › S. 139
- **Sich im Schlemmerparadies** Périgord ungehemmt kulinarischen Freuden hingeben › S. 140
- **Romanische Steinmetzkunst** in höchster Vollendung bewundern – im Kreuzgang der Abteikirche St-Pierre in Moissac › S. 146

Das Spektrum dieser außerordentlich vielfältigen Region reicht von prähistorischen Stätten über mittelalterliche Wehrdörfer und Wallfahrtsstätten bis zu modernen Metropolen wie Toulouse und Bordeaux.

Der Südwesten erstreckt sich von den Sandstränden Aquitaniens die Atlantikküste entlang bis zur Hafenstadt La Rochelle und in östlicher Richtung bis nach Limoges und auf die rauen Viehweiden des Aubrac. Richtung Süden dehnen sich bis zu den Pyrenäenausläufern Landschaften wie das Périgord aus, das für sein reiches historisches Erbe und seine gute Küche bekannt ist. In diesem Teil Frankreichs liegen aber auch Metropolen wie Bordeaux und Toulouse, die ein reges Kulturleben aufzuweisen haben. Nicht zu vergessen sind jene historischen Glanzpunkte, die sich am Jakobsweg im Herzen Südfrankreichs aneinanderreihen. Und natürlich tragen auch die Rebgärten insbesondere rund um St-Emilion zur Reputation der Region bei, weil aus den Trauben Jahr für Jahr weltbekannte Spitzenweine gekeltert werden.

Touren in der Region

Tour 14
Meer, Reben und Steinzeit

Route: Bordeaux › Royan › La Rochelle › Cognac › Angoulême › Limoges › Périgueux › Lascaux › Sarlat-la-Canéda › Les Eyzies-de-Tayac › St-Emilion › Bordeaux

Karte: Seite 116
Distanzen: ca. 830 km; 7–10 Tage
Praktische Hinweise:
- Die Ziele dieser Tour erreicht man am besten per Pkw.
- Achtung: Die Tickets für die Höhle Lascaux II sind im Sommer nur beim Office de Tourisme in Montignac › S. 140 erhältlich.

Tour-Start:
Von der Weinstadt **Bordeaux 17** › S. 130 über das Belle-Époque-Seebad **Royan 21** › S. 135 nach **La Rochelle 19** › S. 134 mit seiner imponierenden Festung sind es küstennahe, ebene Landstriche und vom Meer geprägte Städte, die den Reiz der Rundfahrt ausmachen. Dann wendet sich die Strecke dem Inland zu, wo das reiche römische Erbe in **Saintes 25** › S. 138 beeindruckt, bevor **Cognac 26** › S. 138, die Stadt des Weinbrands, folgt. Durch das Tal der Charente gelangt man ins mittelalterliche **Angoulême 27** › S. 138, das auch als Stadt der Comic-Kunst Bekanntheit erlangt hat. Mit einem Schlenker über das Email-Zentrum **Limoges 28** › S. 139 geht es Richtung

Süden, wo **Périgueux** `29` › **S. 139** mit Stolz seinen Ruf als historisches Zentrum des Périgord verteidigt. Angesichts der grandiosen Höhlenmalereien von **Lascaux II** `30` › **S. 139** fühlt man sich in die Altsteinzeit zurückversetzt. Nicht weit entfernt glänzt **Sarlat-la-Canéda** `31` › **S. 140** mit einem historischen Kern im Stil der Renaissance und einem der schönsten Märkte des Périgord. Über **Les Eyzies-de-Tayac** `32` › **S. 140**, Hauptstadt der Vor- und Frühgeschichte, und den Weinort **St-Emilion** `18` › **S. 134** kehrt man schließlich nach **Bordeaux** zurück.

Radtour an der Silberküste

> **Route: Royan › Soulac-sur-Mer › Arcachon › Biscarosse-Plage › Mimizan-Plage › Hossegor › Capbreton › Bayonne**
>
> **Karte:** Seite 116
> **Distanzen:** ca. 300 km; ca. 4 Tage. Royan › Arcachon 120 km; Arcachon › Mimizan-Plage 70 km; Mimizan-Plage › Capbreton 85 km; Capbreton › Bayonne 25 km.
> **Praktische Hinweise:**
> - Die Fähre Royan–Verdon-sur-Mer verkehrt im Sommer halbstündlich (Passagier 3,20 €, Pkw 23,80 €, http://transgironde.gironde.fr).
> - Wer von Bayonne per Bahn nach Royan zurückkehren will, kann in vielen Zügen sein Rad umsonst mitnehmen (Infos unter http://de.voyages-sncf.com/de).

Tour-Start:

Von **Royan** `21` › **S. 135** setzt man mit der Fähre nach Verdon-sur-Mer über. Immer auf Südkurs geht es in der frischen, salzigen Luft zum Bassin d'Arcachon und weiter durch duftende, schattige Kiefernwälder Richtung **Biscarosse-Plage** und **Mimizan-Plage** `22` › **S. 136**, das Badetouristen im Hochsommer in ein quicklebendiges Ferienzentrum verwandeln. Zwischen Mimizan und den Küstenorten **Hossegor** und **Capbreton** fährt man meistenteils auf asphaltierten Radwegen parallel zur Autostraße, die aber selbst in der Hochsaison wenig befahren ist. Zahlreiche Picknickplätze laden zur Rast ein. Die Radtour endet in **Bayonne** `23` › **S. 136**.

Im Tal der Charente

> **Route: Cognac › Jarnac › Châteauneuf-sur-Charente › Angoulême**
>
> **Karte:** Seite 116
> **Distanzen:** ca. 70 km; 1 Tag
> **Praktische Hinweise:**
> - Die Bahnstrecke Cognac–Angoulême folgt dem Lauf der Charente, doch nur als Selbstfahrer kann man an schönen Plätzen verweilen.
> - In Jarnac werden Bootstouren auf der Charente angeboten (April bis Okt., Abfahrt ab Charente-Brücke, www.jarnac-tourisme.fr).
> - Kanus verleiht Jarnac Sports Canoë Kayak, 17, quai de l'Ile Madame, Tel. 05 45 81 32 01, www.jsck.fr.

Tour-Start:

Die Nebenstrecke zwischen **Cognac** 26 › **S. 138** und Angoulême windet sich durch das idyllische Tal der Charente und ist, von Weinkulturen, Winzerbetrieben, Schlössern und sehenswerten Ortschaften abgesehen, vor allem durch die Charente selbst geprägt. Der Fluss mäandert in seinem unbegradigten Bett durch eine stille, reizvolle Landschaft und bietet idyllische Plätze zum Baden und Picknicken. Östlich von Cognac kann man in **Bourg-Charente** der romanischen Kirche St-Jean-Baptiste einen Besuch abstatten. **Jarnac** gibt in Flussnähe ein romantisches Bild ab. Bei **Vibrac** lohnt ein kurzer Abstecher zum Canal des Moulins. Das in einer Flussschleife liegende **Châteauneuf-sur-Charente** wird vom Turm der Église St-Pierre dominiert, die eine reich verzierte romanische Fassade besitzt. Von hier ist es nicht mehr weit nach **Angoulême** 27 › **S. 138**, dem Endpunkt der Tour im Charente-Tal.

Verkehrsmittel

Die Städte Bordeaux, Toulouse, Angoulême, La Rochelle, Biarritz, Tarbes und Arcachon liegen am Streckennetz der Hochgeschwindigkeitszüge TGV. Diese Linien sind reservierungspflichtig.

Wichtige Adressen

Comité Départemental du Tourisme de la Gironde

• 21, cours de l'Intendance
33000 Bordeaux
Tel. 05 56 52 61 40
www.tourismusbordeauxgironde.de

Comité Départemental du Tourisme des Landes

• 4, ave. Aristide Briand
40012 Mont de Marsan
Tel. 05 58 06 89 89
www.tourismelandes.com

Unterwegs in der Region

Bordeaux 17 [C6]

Schon auf den ersten Blick gibt Aquitaniens Hauptstadt (236 000 Einw.) ihren Wohlstand zu erkennen, den sie vor allem dem Weinhandel verdankt – Bordeaux liegt in einer der berühmtesten Weinbauregionen der Welt. Am Ufer der Garonne reihen sich stolze Bürgerpaläste und öffentliche Gebäude aneinander, mit denen sich die »Korkenaristokratie« ein Denkmal setzte.

Heute kommt der Stadt zudem eine wichtige Funktion als Verkehrsknotenpunkt zwischen Südfrankreich und Spanien zu, und auch in der Kunst- und Kulturszene spielt sie eine wichtige Rolle.

Zu Beginn des 21. Jhs. machte sich die Verwaltung daran, Bordeaux durch einige große Erneuerungsprojekte für die Zukunft zu rüsten, etwa mit der Einrichtung eines neuen, technisch fortschrittlichen, weil zum Teil oberleitungs-

Bordeaux' »gute Stube«: die um 1780 als Ensemble konzipierte Place de la Bourse

freien Straßenbahnnetzes, das heute 44 km lang ist und 86 Haltestellen umfasst. Auch die Quais entlang dem Garonne-Ufer und die Place de la Bourse sind von der dynamischen Stadtkosmetik nicht ausgenommen. Historische Gebäude werden aufwändig saniert, Neubauten wie das Tribunal de Grand Instance behutsam ins Stadtbild eingefügt. Am Garonne-Ufer entstehen Radwege und Promenaden.

Am Garonne-Ufer

Ein beliebtes Fotomotiv auf der im 18. Jh. angelegten **Place de la Bourse** Ⓐ [a3] ist der **Miroir d'Eau**, ein riesiges flaches Becken mit einem Granitfundament, auf dem 2 cm hohes Wasser die eleganten, umliegenden Fassaden spiegelt. Als »schönste Pfütze der Welt« wird dieses jüngste Projekt der Stadterneuerung von den Bordelaisern be-

zeichnet. Die Börse an der Nordseite des Platzes und das Zollgebäude an der Südseite zeugen vom Geschäftssinn des aufstrebenden Bürgertums der Handelsstadt.

Über den Cours du Chapeau-Rouge gelangt man zum prachtvollen **Grand Théâtre** Ⓑ [a3], einem Meisterwerk des Klassizismus (www.opera-bordeaux.com).

Die **Porte Cailhau** Ⓒ [b3] südlich der Place de la Bourse wurde 1495 zu Ehren von Karl VIII. errichtet. Vier Turmhauben zieren das ehemalige Stadttor. Ihm gegenüber muss die **Porte des Salinières** Ⓓ [b4] (18. Jh.) an der Place de Bir-Hakeim bescheiden zurücktreten.

Zur filigranen gotischen **Basilique St-Michel** Ⓔ [c4] gehört ein frei stehender Glockenturm aus dem 15. Jh., von dem man einen schönen Rundblick über die Stadt genießt (Juni–Sept. tgl. 10–12, 13–18 Uhr).

Altstadt ⭐

Malerische Gassen liegen hinter dem Stadttor **Grosse Cloche** ⓕ **[c3]**, dessen Glocke früher die Weinernte einläutete. Die verkehrsberuhigte Rue Ste-Catherine ist Bordeaux' wichtigste Geschäftsstraße. Im **Musée d'Aquitaine** ⓖ **[b3]** wird die Geschichte Aquitaniens dokumentiert – von vorgeschichtlicher Zeit bis heute (Di–So 11–18 Uhr, www.musee-aquitaine-bordeaux.fr).

Zwischen Place Gambetta und Cours d'Albret sind einige der markantesten Gebäude der Stadt zu finden. Im Palais Rohan residiert heute die Stadtverwaltung. Davor erhebt sich die imposante **Cathédrale St-André** ⓗ **[b2]**. Ihr Südportal besticht durch reichen gotischen Skulpturenschmuck. Der frei stehende Turm **Pey Berland** wurde im 15. Jh. angefügt und besitzt wie jener der Basilique St-Michel eine Aussichtsplattform (Juni–Sept. tgl. 10–13, 14–18 Uhr, sonst kürzer).

❗ Den spektakulären Bau des **Tribunal de Grande Instance** ⓘ **[b2]** stattete Stararchitekt Richard Rogers mit transparenter Glasfassade, offenen Treppenhäusern und sieben in das Bauwerk gestellten kegelförmigen Gerichtssälen aus.

Nördlich von St-André dokumentiert das **Centre Jean Moulin** die Geschichte des Widerstands gegen die deutsche Besetzung (Place Jean Moulin, Di–So 14–18 Uhr). Sehenswert sind auch die Werke von Tizian, Rubens, Breughel und Delacroix im **Musée des Beaux-Arts** ⓙ **[b2]** (Mi–Mo 11–18 Uhr, www.musba-bordeaux.fr). Kunsthandwerk, Porzellan, Gläser und Möbel des 18. und 19. Jhs. zeigt das **Musée des Arts Décoratifs** in den Räumen eines alten Herrenhauses (39, rue Bouffard, Mi–Mo 14–18 Uhr).

Die **Basilique St-Seurin** ⓚ **[a1]**, die älteste Kirche der Stadt, besitzt reiche Kunstschätze sowie eine Krypta aus dem 11. Jh. mit gallo-römischen und merowingischen Sarkophagen.

Quartiers des Chartrons ⓛ

Ein beliebtes Fotomotiv ist die um eine 43 m hohe Denkmalsäule angelegte **Fontaine des Girondins** an der weiträumigen Esplanade des Quinconces. Einen Spitzenplatz unter den Foren für moderne Kunst in Frankreich nimmt das **Musée d'Art Contemporain (CAPC)** ein (7, rue Ferrère, Di–So 11–18, Mi bis 20 Uhr, www.capc-bordeaux.fr). Das **Vinorama de Bordeaux** führt die Geschichte der Bordeaux-Weine vor Augen (12, cours du Médoc, Anfang Juli–Ende Aug. Di–So 14–18 Uhr, sonst Mo–Fr). Teil des Quartiers ist die **Cité Mondiale**, ein modernes Geschäfts- und Kongresszentrum.

Infos

Office de Tourisme
- 12, cours 30 juillet | 33080 Bordeaux Tel. 05 56 00 66 00 www.bordeaux-tourisme.com
- Sparen hilft der **Bordeaux CityPass** für 1, 2 oder 3 Tage (23/28/33 €).

Verkehrsmittel

- **Flughafen:** Aéroport de Bordeaux, 10 km westlich der Stadt (Info unter www.bordeaux.aeroport.fr).

- **Bahn:** TGV-Bahnhof St-Jean, Rue Charles Domercq.
- **Busse** und **Straßenbahn** erschließen die Stadt (www.infotbc.com).

Hotels

Continental €€

Stadtpalast des 18. Jh. in verkehrsberuhigter Straße nicht weit vom Grand Théâtre.
- 10, rue Montesquieu
  33000 Bordeaux | Tel. 05 56 52 66 00
  www.hotel-le-continental.com

Hôtel de Sèze et Royal Médoc €–€€

Angenehme Zimmer auf vier Etagen etwas nördlich des Altstadtkerns.
- 23, allée de Tourny | 33000 Bordeaux
  Tel. 05 56 14 16 16
  www.hotel-de-seze.com

Restaurants

Le Pavillon des Boulevards €€€

❗ Raffiniert verfeinerte Regionalküche mit Schwerpunkt auf Fisch und Meeresfrüchten; hervorragende Weinkarte.
Mo und Sa mittags, So geschl.

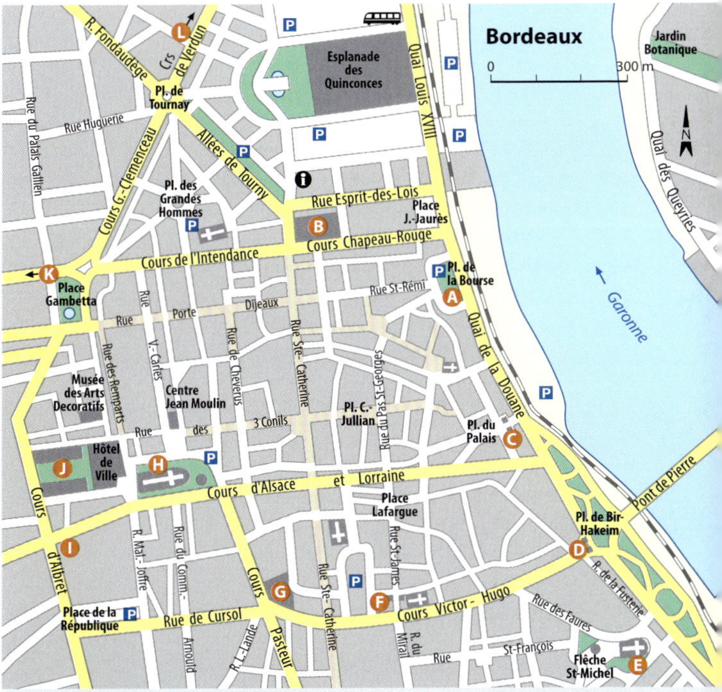

Bordeaux

0 ———————— 300 m

Jardin Botanique

Esplanade des Quinconces

Pl. de Tournay

Allées de Tourny

Pl. des Grandes Hommes

Rue Esprit-des-Lois

Place J.-Jaurès

Cours Chapeau-Rouge

Cours de l'Intendance

Ⓚ Place Gambetta

Rue Ste-Rémi

Ⓑ

Ⓐ Pl. de la Bourse

Garonne

Musée des Arts Decoratifs

Centre Jean Moulin

Pl. C. Jullian

Pl. du Palais Ⓒ

Hôtel de Ville Ⓙ

Ⓗ

Cours d'Alsace et Lorraine

Place Lafargue

Pl. de Bir-Hakeim Ⓓ

Pont de Pierre

Ⓘ

Place de la République

Rue de Cursol

Ⓖ

Ⓕ

Cours Victor-Hugo

Rue des Faures

St-François

Flèche St-Michel Ⓔ

Ⓐ Place de la Bourse	Ⓕ Grosse Cloche	Ⓙ Musée des Beaux-Arts
Ⓑ Grand Théâtre	Ⓖ Musée d'Aquitaine	Ⓚ Basilique St-Seurin
Ⓒ Porte Cailhau	Ⓗ Cathédrale St-André	Ⓛ Quartiers des Chartrons
Ⓓ Porte des Salinières	Ⓘ Tribunal de Grande	
Ⓔ Basilique St-Michel	Instance	

• 120, rue Croix-de-Seguey
33000 Bordeaux | Tel. 05 56 81 51 02
www.lepavillondesboulevards.fr

Le Croc-Loup €€–€€€
Elegantes kleines Lokal nahe der Kathedrale, spezialisiert auf Fisch aus dem Becken von Arcachon. Mi, So, Mo geschl.
• 35, rue du Loup | 33000 Bordeaux
Tel. 05 56 44 21 19
www.crocloup.fr

Shopping

Triangle d'Or, luxuriöses Boutiquenviertel zwischen Allées de Tourny, Cours de l'Intendance und Cours Clemenceau.

Marché des Capucins
Der sogenannte »Bauch von Bordeaux«.
Di–So 6–13 Uhr.
• Place des Capucins | 33800 Bordeaux
http://marchedescapucins.com

Marché des Quais
Verkostung von Austern und Weißwein.
So 7–13 Uhr.
• Quai des Chartrons | 33000 Bordeaux

Nightlife

Bodéga Bodéga
Bar im spanischen Stil, über der Bar hängen Schinken von der Decke.
• 4, rue des Piliers de Tutelle
33000 Bordeaux | Tel. 05 56 01 24 24

St-Emilion 18 ★ [D6]

Die Merlot-Rotweine dieser von Rebkulturen und einer alten Stadtmauer (13. Jh.) umrahmten Gemeinde (2400 Einw.) zählen zu den berühmtesten der Region. Die UNESCO ernannte den nahe der Dordogne gelegenen Ort samt seiner Weinlagen zum Weltkulturerbe. Mit der **Eglise Monolithe** (8.–12. Jh.) besitzt St-Emilion zudem die größte Felsenkirche Frankreichs (Führungen über Office de Tourisme).

Info

Office de Tourisme
• Place des Créneaux
33330 Saint-Emilion
Tel. 05 57 55 28 28
www.saint-emilion-tourisme.com

Shopping

Maison du Vin
Hervorragende Weinauswahl, kommentierte Verkostungen.
• Place Pierre Meyrat | 33330 St-Emilion
Tel. 05 57 55 50 55
www.maisonduvinsaintemilion.com

La Rochelle 19 [B2]

Eine imponierende Festung am lebhaften, von Cafés und Restaurants gesäumten alten Hafen sowie von Arkaden begleitete Altstadtstraßen mit Fachwerkhäusern machen die Stadt (75 000 Einw.) sehenswert. Das Rathaus im Stil der Renaissance hat einen prächtigen Arkadenhof mit zwei spätgotischen Toren.

Meeresbewohner vom Hai bis zum Seepferdchen zeigt das große moderne **Aquarium** (Quai Prunier, Juli/Aug. tgl. 9–23 Uhr, sonst kürzer, www.aquarium-larochelle.com). Zu den Schaustücken des **Musée Maritime** zählen acht ausgediente Schiffe (Pl. Moitessier, April–Okt. tgl. 10–18.30, Juli/Aug. 10–19 Uhr, www.museemaritimelarochelle.fr).

Die Porte de la Grosse Horloge im Hafen von La Rochelle

Vom Hafen führt eine 32 m hohe Brücke zur vorgelagerten **Ile de Ré,** wo weiße Sandstrände und Wälder zum Baden, Wandern und Radfahren einladen.

Hotel

St-Jean d'Acre €€
Helle, freundlich eingerichtete Zimmer mit Blick auf den alten Hafen.
• 4, pl. de la Chaîne
  17000 La Rochelle
  Tel. 05 46 41 73 33
  www.hotel-la-rochelle.com

Restaurant

Christopher Coutanceau €€€
Äußerlich ist das Restaurant am Wasser kein Hingucker. Aber ▌ die künstlerisch drapierten Speisen überzeugen durch Qualität. So, Mo geschl.
• Plage de la Concurrence
  17000 La Rochelle | Tel. 05 46 41 48 19
  www.coutanceaularochelle.com

Rochefort 20 [B2]

Das ruhige Bad für Thermalkuren (26 000 Einw.) wurde von Colbert im Jahr 1666 als Reißbrettstadt und einer der größten Flottenstützpunkte des Landes geplant. In den 373 m langen Gebäuden der ehemaligen königlichen Seilereien befindet sich u. a. das **Centre International de la Mer** mit Ausstellungen zur Seefahrt (Rue J.-B. Audebert, April–Sept. tgl. 10–19 Uhr, sonst kürzer, www. corderie-royale.com).

Royan 21 [B3]

Das Seebad (18 500 Einw.) wurde während des Zweiten Weltkriegs fast völlig zerstört. Jachthäfen und ein Fischereihafen liegen nebeneinander. An der Küste erstreckt sich ein Belle Époque-Viertel, das unversehrt geblieben ist.

Bei einer Thalassotherapie können sich Stressgeplagte mit Meerwasserbehandlungen wieder in Form bringen lassen (http://royan.thalazur.fr).

Info

Royan Tourisme
• 1, bd. de la Grandière
  17200 Royan
  Tel. 05 46 23 00 00
  www.royan-tourisme.com

Gratis entdecken

....

• **Gratis-Stadttouren in Bayonne** kann man in orangeroten Kleinbussen mit Elektroantrieb unternehmen, den Navettes gratuites de Bayonne (www.bayonne.fr).
• **Das Musée Chagall in Nizza** steht der Allgemeinheit an jedem 1. Sonntag im Monat kostenlos offen › S. 72.
• Der Eintritt in die berühmte, von Henri Matisse gestaltete **Chapelle du Rosaire in Vence** ist zu den üblichen Öffnungszeiten jederzeit umsonst › S. 74.
• Die meisten Städte haben inzwischen **Touristenkarten,** mit denen Leistungen ermäßigt oder sogar kostenlos in Anspruch genommen werden können. In **Avignon** ist auch der Pass selbst umsonst › S. 92.
• Ein kostenloser **Aussichtspunkt auf den Viadukt von Millau** liegt abseits der nördlichen Ausfallstraße N 9 › S. 110.

Hotel

Hôtel les Bleuets €
Hotel an der Küste mit 16 einfachen, aber modern eingerichteten Zimmern.
• 21, façade de Foncillon
  17200 Royan
  Tel. 05 46 38 51 79
  www.hotel-les-bleuets.com

Mimizan-Plage 22 [B8]

Rings um den quirligen Badeort grünt das größte zusammenhängende Waldgebiet Europas. Hohe Atlantikwellen branden an die Silberküste, die sich fast 200 km weit von Arcachon im Norden bis nach Biarritz im Süden hinzieht. Dielentreppen führen im ehemaligen Fischerdorf über die Dünen zum feinen Sandstrand.

Hotel

Club Marina Landes €€
Hinter den Dünen in einen schattigen Pinienwald gebaute Bungalowanlage mit Bar-Restaurant, Supermarkt, Schwimmbad, Campingplatz, Fahrradvermietung und Internetzugang.
• Plages Sud
  40202 Mimizan-Plage
  Tel. 05 58 09 12 66
  www.marinalandes.com

Bayonne 23 [A10]

Die Stadt (45 000 Einw.) liegt nur wenige Kilometer östlich der Küste am Zusammenfluss von Nive und Adour. Die Nive mit ihren malerischen Uferkais trennt die Altstadt mit der **Cathédrale Ste-Marie** und der alten Burg von der Neustadt

Petit Bayonne weiter südlich. Wissenswertes über das baskische Erbe vermittelt das **Musée Basque** (Quai des Corsaires, April–Sept. Di–So 10–18.30, sonst bis 18 Uhr, www.museebasque.com).

Bayonne war im Mittelalter eine wichtige Pilgerstation. Später gelangte die Stadt durch Schiffbau und Waffenherstellung zu Reichtum: Schmiede aus Bayonne erfanden im 17. Jh. das Bajonett.

Info

Office de Tourisme
• Place des Basques
  64108 Bayonne
  Tel. 08 20 42 64 64
  www.bayonne-tourisme.com

Hotel

Côte Basque €–€€
Historisches Gebäude mit modernen Zimmern fast am Ufer des Adour.
• 2, rue Maubec
  64100 Bayonne
  Tel. 05 59 55 10 21
  www.hotel-cotebasque.fr

Biarritz 24 [A10]

Früher ein beliebtes Seebad der europäischen Aristokratie, ist die Stadt (26 000 Einw.) längst Ziel von Touristen aus aller Welt, die sich v. a. von der **Grand Plage** angezogen fühlen. Am berühmtesten Strand der Stadt, wo Napoleon III. 1855 das heutige **Hôtel du Palais** errichten ließ, mischen sich gebräunte Schönheiten in Designerbikinis mit Surfern in Neoprenanzügen. Das Stadtbild prägt eine architektonische

Biarritz ist berühmt für seine prächtigen Belle-Époque-Villen

Mischung aus Belle-Époque-Villen und rot-weißen Fachwerkhäusern. Im **Aquarium Biarritz/Musée de la Mer** sieht man viele Arten von Meereslebewesen, Ausstellungen informieren über den kommerziellen Fischfang (Plateau de l'Atalaye, April–Juni und Sept.–Okt. 9.30–20, Nov.–März 9.30–19, Juli/Aug. 9.30–24 Uhr, www.aquariumbiarritz.com).

Hotel

Hotel Au Bon Coin €€€
Gut in Schuss gehaltene, modern eingerichtete Nichtraucherzimmer mit Flachbild-TV und WLAN.
  5, rue de la Cité | 64200 Biarritz
  Tel. 05 59 24 01 68
  www.auboncoin-biarritz.com

Restaurant

L'Instant €€–€€€
Monatlich wechselnde Speisekarte mit einfallsreichen Gerichten wie Forelle mit Artischockenpüree.
• 4, rue du Port Vieux | 64200 Biarritz
  Tel. 05 59 24 84 65

Shopping

Markthallen

Käse und lokale Delikatessen wie Bayonne-Schinken. Tgl. 7–13.30 Uhr.

• Rue des Halles | 64200 Biarritz
  www.halles-biarritz.fr

Saintes 25 [C3]

Saintes (26 000 Einw.) war die gallorömische Hauptstadt der Provinz Aquitanien. Aus dieser Zeit stammt das 20 000 Zuschauer fassende **Amphitheater** (Rue Lacurie, Juni–Sept. tgl. 10–20 Uhr, sonst kürzer). Weitere römische Relikte bewahrt das **Musée Archéologique** (Espl. A. Malraux, April–Sept Di–Sa 10–12.30, 13.30–18, So 14–18, sonst Di–Sa 13.30–17 Uhr). Die **Kirche St-Eutrope** (11./12. Jh.) mit romanischer Krypta weist die Stadt als Station am Jakobsweg aus. Einen Besuch lohnen auch die **Abbaye aux Dames**

(11. Jh.), die **Eglise St-Pierre** und das **Musée Dupuy-Mestreau** mit einem Speisesaal der Marquise de Montespan, Mätresse von Louis XIV. (Rue Monconseil, geöffnet wie Archäologisches Museum).

Cognac 26 [D3]

In der Stadt des berühmten Weinbrands (19 000 Einw.) wurde König François I. geboren. Heute residiert im **Ancien Château** eine Weinbrennerei. Die großen Handels- und alten Fachwerkhäuser sowie das Tor **St-Jacques** (15. Jh.) prägen die Altstadt. Sehr schöne Gebäude säumen die **Rue Saulnier**. Ein Muss ist der Besuch im **Musée des Arts du Cognac**, das die Cognac-Herstellung erläutert (Juli/Aug. tgl. 10–18.30, Sept.–Juni Di–So 14–18 Uhr, www.musees-cognac.fr).

Hotel

Les Pigeons Blancs €€–€€€

Charmantes, etwas außerhalb gelegenes Hotel in einer ehemaligen Poststation. Gute französische Küche im Restaurant.

• 110, rue Jules Brisson | 16100 Cognac
  Tel. 05 45 82 16 36
  www.pigeons-blancs.com

Angoulême 27 [E3]

Die **Cathédrale St-Pierre** der Stadt (41 600 Einw.) glänzt mit dem wunderbaren mittelalterlichen Skulpturenschmuck ihrer Hauptfassade. Europäische Malerei seit dem 16. Jh., Waffen, Keramiken und archäologische Funde aus der Region besitzt das im einstigen Bischofssitz

In den Weinbergen um Cognac reift mancher edle Tropfen

eingerichtete **Musée d'Angoulême** (1, rue Friedland, Di–So 10–18 Uhr, http://musee-angouleme.fr). In der **Cité International de la Bande Dessinée et de l'Image** entstand eine in Frankreich einmalige Comicausstellung (121, rue de Bordeaux, Juli/Aug. Di–Fr 10–18, Sa, So 14–19 Uhr, sonst kürzer, www.citebd.org).

Hotel

Mercure €€–€€€

Schmuckes Hotel mit 89 Zimmern in einer Gartenanlage; Brasserie mit Terrasse.

- 1, pl. des Halles Centrales
  16000 Angoulême
  Tel. 05 45 95 47 95
  www.mercure.com

Limoges 28 [G3]

Weltberühmt gemacht haben die als Bischofssitz gegründete Stadt (139 000 Einw.) kunstvolle Emailarbeiten und kostbares Porzellan. Beim Stadtbummel kann man sich in Dutzenden von Ateliers davon überzeugen, wie gut sich althergebrachte Traditionen mit moderner Kunst vereinbaren lassen. Die Geschichte der Porzellanherstellung erläutert das **Musée National Adrien Dubouché** (Place Winston Churchill, Mi–Mo 10–12.30, 14–17.45 Uhr, www.musee-adriendubouche.fr).

Hotel

Hôtel Atrium €€

70 modern und zweckdienlich eingerichtete Zimmer in Bahnhofsnähe.

- 22, allée de Seto | 87000 Limoges
  Tel. 05 55 10 75 75
  www.interhotel-atrium.com

Périgueux 29 [F5]

Im Zentrum der Hauptstadt von Périgord (29 000 Einw.) dominiert die **Cathédrale St-Front.** 17 Glockentürme zieren Frankreichs größte, im 19. Jh. im neoromanischen Stil erbaute Kuppelkirche. Seit 1970 werden in Périgueux alle französischen Briefmarken gedruckt. Bedeutsamer ist jedoch der Ruf der Stadt als Feinschmeckerparadies, der sich hauptsächlich auf zwei Produkte gründet: Gänseleber und schwarze Trüffeln.

Hotel

Château des Reynats €€

Hübsches Schlösschen mit 24 Zimmern in einer gepflegten Parkanlage. Angeschlossenes Gourmetrestaurant **L'Oison.**

- 15, ave. des Reynats
  24650 Chancelade (nordwestl.)
  Tel. 05 53 03 53 59
  www.chateau-hotel-perigord.com

Restaurant

L'Essentiel €€€

Ob Austern oder Schweinefüße – sowohl exquisite wie deftige Speisen verdienen hier höchstes Lob.

- 8, rue de la Clarté | 24000 Périgueux
  Tel. 05 53 35 15 15
  http://restaurant-perigueux.com

Lascaux II 30 ⭐ [G5]

1940 entdeckten vier junge Männer eine Höhle, deren Wände mit faszinierenden altsteinzeitlichen Tierdarstellungen bedeckt waren. Die berühmten Höhlenmalereien sind seit 1963 nicht mehr zugänglich, da

Wenn Gott in Frankreich speist, dann in Sarlat-la-Canéda

die Atemluft der Besucher die Kunstwerke zu zerstören begann. Seit 1983 existiert mit Lascaux II eine detailgetreue Nachbildung (nahe Montignac, Tel. 05 53 05 65 65, www.lascaux-dordogne.com, Führungen auch auf Deutsch, Juli/Aug. tgl. 9–19 Uhr, sonst kürzer, Jan.–Mitte Febr. geschl.; Ticketverkauf im Sommer nur neben dem Office de Tourisme in Montignac, Place B.-de-Born, tgl. 9–18 Uhr).

Sarlat-la-Canéda **31** [G6]

Den historische Kern des Orts im Périgord prägen schöne Renaissancegebäude aus gelbem Sandstein. In den engen Gassen und kleinen Höfen verbergen sich Restaurants und Cafés, in denen man die unvergleichliche Atmosphäre auf sich wirken lassen kann. Sarlat ist eine Hochburg kulinarischer Leckerbissen wie Trüffeln, Foie Gras und Gänsefleisch.

Samstags (8.30–13 Uhr) findet auf dem Hauptplatz von Sarlat einer der schönsten Märkte des Périgord statt, auf dem alle regionalen Spezialitäten angeboten werden.

Hotel
Clos la Boëtie €€€
5-Sterne-Refugium, in dem Himmelbetten auf müde Gäste warten.
• 95–97, ave. de Selves
  24200 Sarlat-la-Canéda
  Tel. 05 53 29 44 18
  www.closlaboetie-sarlat.com

Shopping
Aux Armes du Périgord
Trüffeln, Foie Gras und Gänse-Confit.
• 1, rue de la Liberté
  24200 Sarlat-la-Canéda

Les Eyzies-de-Tayac **32** [G6]

Wegen der Vielzahl vorgeschichtlicher Grotten und archäologischer Funde aus der Altsteinzeit rechnet die UNESCO das Dorf am Zufluss der Dordogne zum Weltkulturerbe. Zu bewundern sind viele Funde, darunter Felsgravuren und das Flachrelief eines Steinbocks, im **Musée National de la Préhistoire** (www. musee-prehistoire-eyzies.fr).

Aubrac 33 [L7]

Der Aubrac ist das südlichste Vulkanmassiv der Auvergne. Kahle Weideflächen verleihen der Landschaft eigentümlichen Reiz. Hie und da sieht man noch herkömmliche *burons,* sommerliche Hirtenbehausungen aus grobem Bruchstein. Das gleichnamige Dorf ist eine bekannte Station am Jakobsweg.

Restaurant

Buron de la Sistre €€
Der Wirt demonstriert die Herstellung der regionalen Spezialität *aligot* aus Frischkäse, Sahne und Kartoffelpüree. Nur im Sommer, Reservierung obligatorisch.
• 12470 St-Chely d'Aubrac
Tel. 05 65 44 26 46
www.buron-en-aubrac.com/sistre.php

Espalion 34 [L7]

Ihre malerische Seite offenbart die Stadt (4600 Einw.) beim Blick über den Fluss Lot auf die Sandsteinbrücke, die Altstadt mit dem 1572 vollendeten Vieux Palais sowie die Gerberhäuser mit Holzbalkonen am Ufer. Die aus rotem Sandstein erbaute **Église de Perse** (11. Jh.) am Ortsrand ist ein Juwel romanischer Architektur mit Fresken, die aus dem 12. Jh. stammen.

Conques 35 [K7]

Der Ort verdankt seinen Ruhm einem Diebstahl. Ein Mönch hatte im 9. Jh. die Gebeine der hl. Fides aus Agen gestohlen und in die Abtei in der Ouche-Schlucht gebracht. Mit den Reliquien begann der Aufstieg des Ortes zu einer der bedeutendsten Wallfahrtsstätten Frankreichs. Seit dem 12. Jh. war er eine Station auf dem Jakobsweg. Das Tympanon über dem Westportal der Kirche **Ste-Foy** zeigt eine **!** eindrucksvolle Darstellung des Jüngsten Gerichts. Heute ist Conques ein Touristenzentrum, das seine Anziehungskraft hauptsächlich aus dem von grauen Schieferdächern geprägten harmonischen Stadtbild bezieht.

Hotel

Hôtel Ste-Foy €€–€€€
Romantisches Haus aus dem 17. Jh. für anspruchsvolle Gäste.
• Rue Principale | 12320 Conques
Tel. 05 65 69 84 03
www.hotelsaintefoy.fr

Restaurant

Auberge St-Jacques €€–€€€
Ein ausgezeichnetes Hotelrestaurant: Gourmetmenüs in rustikalem Ambiente.
• Rue G. Florent | 12320 Conques
Tel. 05 65 72 86 36
www.aubergestjacques.fr

Figeac 36 [J7]

Die idyllische Altstadt von Figeac ist reich an mittelalterlichen Bürgerhäusern und Stadtpalästen. Das **Hôtel de la Monnaie** aus dem 13. Jh.

Pont Valentré in Cahors

beherbergt das heimatkundliche **Musée du Vieux Figeac** (Juli/Aug. 14.30–18.30 Uhr). Das **Musée Champollion** ist dem Ägyptologen und Entdecker der Hieroglyphenschrift gewidmet, der in Figeac geboren wurde (Juli/Aug. tgl. 10.30–18 Uhr, sonst kürzer und Mo geschl., www. musee-champollion.fr). Romanische und gotische Stilelemente vereint die Abteikirche **St-Sauveur.**

Cahors 37 [H7]

Die Stadt (20 000 Einw.) liegt malerisch in einer Schleife des Lot. Aus dem 14. Jh. stammt die Wehrbrücke **Pont Valentré** mit ihren drei befestigten Türmen und den mit spitzen Bastionen bewehrten Pfeilern. Sie zählt zum Weltkulturerbe der UNESCO, ebenso wie die Kathedrale **St-Etienne,** an der vom 11. bis 18. Jh. gearbeitet wurde. Der reiche Kirchenschatz umfasst Goldschmiedearbeiten, Bildteppiche und Reliquienschreine. Zu den schönsten Gebäuden der Altstadt zählt das **Hôtel Roaldès,** in dem zeitweilig Henri IV. logierte.

Hotel

Château de Mercuès €€€
Schlosshotel mit 24 Zimmern und 6 Suiten in schöner Lage über dem Lot-Tal; großer Swimmingpool, Tennisplätze, stilvolles Restaurant.
• 46090 Mercuès (10 km nordwestlich) Tel. 05 65 20 00 01
www.chateaudemercues.com

Montauban 38 [G9]

Wie andere Städte der Region weist auch Montauban (56 000 Einw.) eine markante Backsteinarchitektur auf. Einziges nicht aus roten Ziegelsteinen errichtetes Bauwerk im historischen Kern ist die weiße **Cathédrale Notre Dame** (17. Jh.). Im früheren Bischofspalast beschäftigt sich das **Musée Ingres** mit Leben und Werk des Malers Jean Auguste Dominique Ingres, der einen Großteil seiner Werke seiner Heimatstadt vermachte (19, rue de l'Hôtel de Ville, April–Okt. 10–12, 14–18 Uhr, sonst kürzer, www.museeingres. montauban.com).

Hotel

Hôtel du Commerce €€
Hotel der Logis-Kette in einem Bau des 18. Jhs. mit 27 freundlichen Zimmern.
• 9, pl. F. Roosevelt | 82000 Montauban Tel. 05 63 66 31 32
www.hotel-commerce-montauban.com

Restaurant

La Cuisine d'Alain €€–€€€

Im Restaurant des Hôtel d'Orsay kommen regionale Spezialitäten auf den Tisch, die über jede Kritik erhaben sind. Mo und Sa mittags, So geschl.

• 29–31, av. R. Salengro
82000 Montauban | Tel. 05 63 66 06 66
www.hotel-restaurant-orsay.com

Toulouse 39 ★ [G/H10]

Da es bei Toulouse (440 000 Einw.) keine Steinbrüche gibt, baute man die Stadt mit Ziegelsteinen, gebrannt aus dem Schlick der Garonne – daher der Beiname »Ville rose«, rosarote Stadt. Der Handel mit Pastell schuf seit dem 15. Jh. großen Wohlstand, und noch heute zeugen prächtige Wohnhäuser vom Reichtum der »Pastellprinzen« genannten Händler. Mit der Einfuhr von billigem Indigo nahm der Aufschwung im 16. Jh. jedoch ein jähes Ende. Die Stadt sollte sich davon lange Zeit nicht erholen. Erst in den letzten Jahrzehnten besann sich Toulouse auf seine erstrangigen Universitäten und wurde zu einem bedeutenden Standort u. a. der Luft- und Raumfahrtindustrie.

Das alte Toulouse

Die von Cafés gesäumte, zentrale **Place du Capitole** Ⓐ trägt ihren Namen nach den Stadtherren, den *Capitouls,* die ab dem 13. Jh. die Geschicke von Toulouse bestimmten. Das Geviert wird von der klassizistischen, mit ionischen Pilastern aufgelockerten Fassade des **Rathauses** (18. Jh.) dominiert.

Wenige Straßen weiter nördlich steht mit der Basilika **St-Sernin** Ⓑ eine der berühmten Pilgerkirchen am Weg nach Santiago di Compostela. Frankreichs größtes romanisches Gotteshaus (115 m × 64 m) mit dem auffälligen achteckigen Glockenturm wurde um 1080 über dem Grab des Märtyrers Saturninus, des ersten Bischofs von Toulouse, errichtet.

Im 13. Jh. begannen die Bauarbeiten an der **Eglise des Jacobins** Ⓒ. Die wie Palmwedel gestalteten Innenpfeiler aus zweifarbigen Ziegelsteinen kontrastieren mit dem strengen Äußeren des Baus.

Zu Reichtum gekommene Farbhändler errichteten im 16. Jh. aufwändige Stadtpaläste im Stil der Renaissance. Den Glanz jener Epoche spiegeln das **Hôtel Bernuy** Ⓓ, das **Hôtel Assézat** Ⓔ mit der Kunstsammlung Bemberg (Di–So 10 bis 12.30, 13.30–18, Do bis 21 Uhr, www.fondation-bemberg.fr) und das **Hôtel de Clary** Ⓕ.

Entlang der Rue du Metz

Über den rundbogigen Pont Neuf am westlichen Ende der Rue de Metz erreicht man den 1823 erbauten, früheren Wasserturm mit der **Galerie du Château d'Eau** Ⓖ. Hier stellen renommierte Fotografen aus (1, pl. Laganne, Di–So 13–19 Uhr, www.galeriechateaudeau.org).

Erholung vom Kunstgenuss bietet im Anschluss ein Bummel entlang der attraktiven Uferpromenade, die die Garonne bis zum Pont St-Pierre begleitet.

Musée des Augustins: Kunst verschiedener Epochen in einem ehemaligen Kloster

Kunstfreunde führt der Weg nun zum **Musée des Augustins** 🄗 mit einer wertvollen Sammlung romanischer Skulpturen (21, rue de Metz, tgl. außer Di 10–18, Mi 10–21 Uhr, www.augustins.org). Im selben Gebäude zeigt das **Musée des Beaux Arts** Werke von Delacroix, Corot, Courbet, Monet und Toulouse-Lautrec (gleiche Öffnungszeiten).

Die **Cathédrale St-Etienne** 🄘, mit ihren massiven Pfeilern und wuchtigen Gewölben ein Paradebeispiel französischer Romanik, weist durch spätere Umbauten Merkmale unterschiedlicher Epochen auf. Im Kirchenschiff fallen neben dem Hochaltar das Chorgestühl, die wertvollen Wandbehänge und die Orgel ins Auge.

SEITENBLICK

Airbus & Co.

Mit der Ära der Luftfahrt begann für Toulouse die Moderne. 1919 setzte die Gründung der Flugzeugfabrik **Aérospatiale** Zeichen. Typen wie Concorde und Airbus rollten seitdem aus den Produktionshallen, die man auf Werksführungen besichtigen kann (drei Touren, Dauer jeweils 90 Min., tgl. außer So, Ausweispflicht, obligatorische Reservierungen unter Tel. 05 34 39 42 00, www.taxiway-resa.fr/v1.8).

Auch der Themenpark **Cité de l'Espace** beschäftigt sich mit Luft- und Raumfahrt. Ausstellungen, ein Planetarium und interaktive Einrichtungen vermitteln Wissenswertes über das Sonnensystem, Satelliten und neueste Weltraumprojekte (Parc de la Plaine, Di–Fr 9–17, Sa, So bis 18, im Hochsommer bis 19 Uhr, auch Mo, Tel. 05 67 22 23 24, www.cite-espace.com).

Neueste Errungenschaft ist das riesige Aeronautikmuseum **Aeroscopia** mit sämtlichen Flugzeugtypen vor Beginn der Airbus-Produktionen (6, rue Roger Béteille, tgl. 9.30–18 Uhr, Tel. 05 34 39 42 00, www.aeroscopia-blagnac.fr).

Info

Office de Tourisme
- Square Charles-de-Gaulle
  31080 Toulouse
  Tel. 05 40 13 15 31
  www.toulouse-tourismus.de

Verkehrsmittel
- **Flugzeug:** Aéroport Toulouse-Blagnac
  (11 km außerhalb, Info unter www.
  toulouse.aeroport.fr).
- **Bahn:** Gare de Toulouse Matabiau
  (64, bd. Sémard, Fahrpläne und Preise
  unter http://de.voyages-sncf.com).

- **Bus:** Fernbusse starten von der Gare
  Routière (68–70, bd. Pierre Sémard).
- **Stadtverkehr:** Metro mit zwei Linien
  und S-Bahn mit 3 Linien. Das neue
  Straßenbahnnetz hat eine Länge von
  11 km (www.tisseo.fr).

Hotels

Hôtel de la Garonne €€€
Historischer, geschmackvoll moderni-
sierter Bau im Herzen der Altstadt, nicht
weit vom Ufer der Garonne. 14 ruhige,
in warmen Tönen und mit Designer-
möbeln gestaltete Zimmer.

Toulouse

A Place du Capitole
B St-Sernin
C Eglise des Jacobins
D Hôtel Bernuy
E Hôtel Assézat
F Hôtel de Clary
G Galerie du Château d'Eau
H Musée des Augustins
I Cathédrale St-Etienne

Kreuzgang von St-Pierre in Moissac

- 15–17, pl. Victor Hugo
  31000 Toulouse | Tel. 05 61 22 78 84
  www.la-gourmandine.fr

Moissac 40 [G8]

Liebhaber romanischer Architektur sollten das Städtchen (12 000 Einw.) am Zusammenfluss von Tarn und Garonne nicht auslassen. Reicher Skulpturenschmuck ziert den Kreuzgang der Abteikirche **St-Pierre.** Das Südportal der Kirche zählt zu den Hauptwerken romanischer Steinmetzkunst in Europa (Juli/Aug. tgl. 9–19 Uhr, sonst kürzer).

Agen 41 [F8]

Schöne Bürgerhäuser (16.–18. Jh.) säumen die Straßen, besonders die von Fachwerkhäusern flankierte Rue Beauville und die schmale Ruelle des Juifs in der Altstadt. Sehenswert sind vor allem die im 11. Jh. begonnene **Cathédrale St-Caprais** und die **Markthalle** an der Place des Laitiers. Dort werden auch die getrockneten Pflaumen verkauft, für die Agen berühmt ist – mit edler Bitterschokolade umhüllt oder in Armagnac eingelegt.

- 22, descente de la Halle aux Poissons
  31000 Toulouse | Tel. 05 34 31 94 80
  www.hotelgaronne.net

Hôtel Ibis Gare Matabiau €€
Kettenhotel beim Hauptbahnhof in einem viktorianischen Gebäude.
- 14, bd. Bonrepos | 31000 Toulouse
  Tel. 05 61 62 50 90 | www.ibis.com

Restaurants
Brasserie des Beaux-Arts €€
Fisch und Meeresfrüchte sowie eine höchst abwechslungsreiche Karte bietet dieses wunderschöne Jugendstillokal.
- 1, quai de la Daurade | 31000 Toulouse
  Tel. 05 61 21 12 12
  www.brasserielesbeauxarts.com

La Gourmandine €€
Vielfach gelobt für gute regionale Spezialitäten wie Cassoulet. So, Mo geschl.

Hotel
Le Provence €–€€
Nettes kleines Hotel mit 20 klimatisierten Zimmern in ruhiger Zentrumslage, Parkmöglichkeit vis-à-vis.
- 22, cours 14 juillet | 47000 Agen
  Tel. 05 53 47 39 11

Eines der schönsten Côte-d'Azur-Panoramen: die Engelsbucht von Nizza

EXTRA-TOUREN

Große Südfrankreich-Rundfahrt

Route: Lyon › Mont Ventoux › Avignon › Aix-en-Provence › Marseille › Arles › Nîmes / Pont du Gard › Narbonne › Carcassonne › Toulouse › Bordeaux › La Rochelle › Limoges › Lyon

Karte: Faltkarte

Distanzen: ca. 2000 km; 3 Wochen. **Lyon › Avignon** 340 km; **Avignon › Marseille** 115 km; **Marseille › Toulouse** 440 km; **Toulouse › Bordeaux** 250 km; **Bordeaux › La Rochelle** 180 km; **La Rochelle › Lyon** 630 km.

Verkehrsmittel:

Am einfachsten lässt sich die Tour per Pkw unternehmen. Alternativ bietet sich eine Bahnreise von Lyon über Aix-en-Provence, Marseille, Nîmes, Toulouse und Bordeaux bis nach La Rochelle an. Von dort gelangt man mit dem (reservierungspflichtigen) TGV in etwa 6 Std. zurück nach Lyon.

Lyon › S. 86 ist ein günstiger Ausgangspunkt für eine Rundfahrt durch das südliche Frankreich. Über den einsam aufragenden **Mont Ventoux › S. 91** fährt man zunächst ins Herz der zauberhaften Provence, wo man mit **Avignon › S. 92** und **Aix-en-Provence › S. 94** zwei der bedeutendsten Städte dieser

Wochenmarkt in Aix-en-Provence: Hier kann man sämtliche Aromen des Midi schnuppern

Region kennenlernt. Nächstes Ziel ist **Marseille** › S. 95, das mit einer umfassenden Altstadtsanierung und neuen attraktiven Sehenswürdigkeiten immer erfolgreicher sein früheres Negativimage vergessen macht. Ein Publikumsmagnet ist das Museum der Zivilisationen Europas und des Mittelmeers (MuCem), das die alte Idee der Mittelmeerunion wieder aufleben lässt. Das neue Geschäftsviertel Euroméditerranée zählt zu den größten Stadtentwicklungsprojekten Westeuropas. In **Arles** › S. 99 ist zwischen römischen Ruinen, Museen und farbenfrohen Märkten die unbeschwerte Atmosphäre der Camargue zu spüren, während **Nîmes** › S. 100 seine antiken Preziosen ebenso mit distanziertem Stolz präsentiert wie seine modernen Errungenschaften.

An den langen Sandstränden des Golfe du Lion entlang geht es nun nach **Narbonne** › S. 112, wo man sich vom Mittelmeer verabschiedet, um landeinwärts über das mittelalterliche **Carcassonne** › S. 113 in die dynamische Metropole **Toulouse** › S. 143 zu fahren. Deren schönen Altstadtkern erkundet man am besten gegen Abend, wenn die untergehende Sonne die Backsteinbauten in warmem Rosa erstrahlen lässt. In **Bordeaux** › S. 130 zeugen stolze Stadtpaläste vom Reichtum der Weinhändler. Das historische Zentrum ist als »außergewöhnliches urbanes und architektonisches Ensemble aus der Zeit der Aufklärung« seit 2007 UNESCO-Weltkulturerbe. Maritime Atmosphäre strahlt die hübsche Hafenstadt **La Rochelle** › S. 134 aus, nach deren Besuch man der Porzellanhochburg **Limoges** › S. 139 eine Stippvisite abstattet, ehe es durch die grüne Auvergne nach **Lyon** zurückgeht.

Tour 18 Von der Riviera in die Pyrenäen

Route: Nizza › Cannes › St-Tropez › Marseille › Arles › Nîmes › Sète › Cap d'Agde › Narbonne › Perpignan

Karte: Faltkarte
Distanzen: ca. 700 km, 1 Woche. **Nizza › St-Tropez** 120 km; **St-Tropez › Marseille** 170 km; **Marseille › Narbonne** 290 km; **Narbonne › Perpignan** 70 km.
Verkehrsmittel:
Alternativ zum Auto kann man diese Küstenreise auch mit dem Zug unternehmen. St-Tropez ist auf dem Schienenweg allerdings nicht erreichbar.

Von **Nizza** › S. 70 führt die Tour an der Mittelmeerküste entlang bis nach **Perpignan** › S. 119 am Fuß der Pyrenäen. Als erstes Etappenziel wird das glamouröse **Cannes** › S. 75 mit seiner palmengesäumten Meerpromenade angesteuert. Nächster Stopp ist der High Society-Treff **St-Tropez** › S. 78 mit seinem berühmten Jachthafen und den vielleicht noch berühmteren Stränden, an denen der internationale Jetset bei Austern und Champagner vom Nichtstun ausspannt.

Der spätromanische Skulpturenschmuck von St-Trophîme in Arles sucht seinesgleichen

Über hübsche Küstenstädte und die fjordartigen Calanques westlich von **Cassis** › **S. 79** geht es in die Hafenstadt **Marseille** › **S. 95**, in deren Zentrum der malerische Vieux Port neben Fischern und Fischhändlern auch Touristen anzieht, die pulsierende Großstadt-Atmosphäre schnuppern möchten. **Arles** › **S. 99** ist zwar viel kleiner, dank seines römischen Erbes, der grandiosen Eglise St-Trophîme, stimmungsvollen Gassen und netten Restaurants aber ebenfalls ein Publikumsmagnet. Außerdem eignet sich die Stadt als Ausgangspunkt für Ausflüge in die faszinierende Sumpflandschaft der **Camargue** › **S. 101**. Auch in **Nîmes** › **S. 100** und Umgebung ist die römische Vergangenheit mit Monumentalbauten wie der Arena, der Maison Carrée und dem **Pont du Gard** › **S. 100** noch präsent. In **Sète** › **S. 111** lohnt der lebendige Fischereihafen einen Besuch, hier sollte man in einem der vielen guten Restaurants frische Meeresfrüchte bestellen. Bei **Cap d'Agde** › **S. 111** erreicht man die Badeküste von Languedoc-Roussillon mit fast endlosen Stränden, von denen man Abstecher in sehenswerte Städte wie **Narbonne** › **S. 112** oder **Perpignan** › **S. 119** unternehmen kann.

Auf dem Jakobsweg

Route: Le Puy-en-Velay › Aubrac › Espalion › Conques › Figeac › Cahors › Moissac › Agen › Condom › Dax › Bayonne

Karte: Faltkarte

Distanzen: ca. 640 km; 3–4 Tage. **Le Puy-en-Velay** › **Espalion** 150 km; **Espalion** › **Cahors** 140 km; **Cahors** › **Condom** 150 km; **Condom** › **Bayonne** 200 km.

Verkehrsmittel:
Am einfachsten lässt sich die Tour mit dem eigenen Fahrzeug unternehmen, weil in Gegenden wie dem Aubrac öffentliche Verkehrsmittel rar sind. Andererseits wird gerade dort die reizvolle Landschaft von zahlreichen lohnenden Wanderwegen erschlossen.

In der Kathedrale in **Le Puy-en-Velay** › S. 90 gibt es einen Altar, auf dem Pilger Zettel mit ihren Wünschen für die bevorstehende Reise auf dem Jakobsweg hinterlassen. Von dem Auvergne-Städtchen führt der Weg für Autotouristen ebenso wie für Wanderpilger über das raue Hochland von **Aubrac** und die malerisch am Ufer des Flüsschens Lot gelegenen Städte **Espalion** › S. 141 und **Estaing** in die versteckt gelegene Gemeinde **Conques** › S. 141, die ihre Attraktivität nicht nur ihrer Wallfahrtsstätte, sondern auch ihrem sehenswerten Ambiente verdankt. Über **Figeac** › S. 141 mit seiner schönen mittelalterlichen Altstadt gelangt man nach **Cahors** › S. 142, wo eine außergewöhnliche siebenbogige Wehrbrücke den Fluss Lot überspannt. Inmitten von Obstgärten und Rebkulturen liegt **Moissac** › S. 146 mit seiner Abteikirche, deren früheste Teile heute noch von der Baukunst des Mittelalters zeugen. Die Skulpturen am Portal und im Kreuzgang gelten als Glanzstücke romanischer Bildhauerei. Auch die Kathedralen in **Agen** › S. 146 und in **Condom** stellen das Können mittelalterlicher Baumeister eindrucksvoll unter Beweis. Mit **Dax** › S. 31 erreicht man ein bekanntes Thermalbad, in dessen Hinterland sich der größte Pinienwaldgürtel Europas erstreckt. Von hier ist es nur noch ein Katzensprung bis zur baskischen Metropole **Bayonne** › S. 136 mit ihren charakteristischen roten Fachwerkhäusern in der Altstadt.

Die Kapelle St-Michel-d'Aiguilhe thront auf einer Felsnadel hoch über Le-Puy-en-Velay

Infos von A–Z

Ärztliche Versorgung

Mit der Europäischen Krankenversicherungskarte (EHIC) kann man in Frankreich einen Arzt aufsuchen, ohne zuvor Kontakt mit einer Krankenkasse aufnehmen zu müssen. Die Kosten sind in der Regel vorzustrecken, werden gegen Vorlage einer Quittung *(feuille de soins)* aber nach Rückkehr erstattet. Da die EHIC aber nur eine Grundversorgung abdeckt und im Notfall keinen Krankenrücktransport gewährleistet, sollte man zusätzlich eine private Reisekrankenversicherung abschließen.

Notdienste *(permanences)* von Apotheken *(pharmacies)* und Ärzten erfährt man aus der Lokalpresse; die Adresse der jeweiligen Notfallapotheke *(pharmacie de garde)* hängt in den Schaufenstern aller Apotheken aus.

Barrierefreies Reisen

Auf ihrer Website stellt die Französische Tourismuszentrale für Reisende mit Handicap geeignete Adressen aus verschiedenen Bereichen vor: http://de.rendezvousenfrance.com, Links »Praktische Infos« und »Barrierefreier Tourismus«.

Diplomatische Vertretungen

Deutschland (Generalkonsulate):
- 338, av. du Prado, 13008 Marseille Cedex, Tel. 04 91 16 75 20, www.marseille.diplo.de
- 33, bd. des Belges, 69458 Lyon, Tel. 04 72 69 98 98, www.lyon.diplo.de
- 377, bd. du Président Wilson, 33200 Bordeaux, Tel. 05 56 17 12 22, www.bordeaux.diplo.de

Österreich (Honorarkonsulate):
- 27, cours Pierre-Puget, 13006 Marseille, Tel. 04 91 53 02 08, consulatautriche@renardassocies.com

- 86, cours Balguerie-Stuttenberg, 33300 Bordeaux, Tel. 05 56 00 00 70, bordeaux@borie-manoux.fr
- 6, ave. de Verdun, 06000 Nizza, Tel. 04 93 87 01 31, consulat.autriche@wanadoo.fr
- 27, rue de la Villette, 69003 Lyon, Tel. 06 30 93 92 74, consulat.a.lyon@wanadoo.fr

Schweiz (Generalkonsulate):
- 7, rue d'Arcole, 13291 Marseille, Cedex 6, Tel. 04 96 10 14 10, www.eda.admin.ch/marseille
- 4, pl. Charles Hernu, Le Colysée, 69100 Villeurbanne (Lyon), Tel. 04 72 75 79 10, www.eda.admin.ch/lyon

Einreise

Trotz abgeschaffter Grenzkontrollen sollten EU-Bürger einen gültigen Personalausweis bzw. Reisepass bei sich haben. Auch Kinder müssen seit 2012 ein eigenes Reisedokument vorweisen. Für Autofahrer reichen der nationale Führerschein und die Zulassung. Schweizer müssen bei der Ein- und Ausreise die Carte d'Identité vorweisen können.

Elektrizität

Die Netzspannung beträgt fast immer 220 V, selten noch 110 V. Wer Geräte mit Schukostecker (Rundstecker mit zwei runden Kontakten und zwei seitlichen Kontaktblechen) betreiben will, benötigt eventuell einen Zwischenstecker.

Feiertage
- 1. Januar: Jour de l'An (Neujahrstag)
- März: Vendredi Saint (Karfreitag), Lundi de Pâques (Ostermontag)
- 1. Mai: Fête du Travail (Tag der Arbeit)
- 8. Mai: Fête de la Victoire (Ende des Zweiten Weltkriegs)

- 40 Tage nach Ostern: Ascension (Christi Himmelfahrt)
- 50 Tage nach Ostern: Lundi de Pentecôte (Pfingstmontag)
- 14. Juli: Fête Nationale de la France (Nationalfeiertag)
- 15. August: Assomption (Mariä Himmelfahrt)
- 1. November: Toussaint (Allerheiligen)
- 11. November: Armistice (Waffenstillstand 1918)
- 25. Dezember: Noël (Weihnachten)

Geld

Kreditkarten, insbesondere MasterCard und Visa, werden von den meisten Hotels, Restaurants und Geschäften akzeptiert. Bargeld lässt sich an Geldautomaten mit EC-/MaestroCard oder Kreditkarte abheben, hierfür können Gebühren anfallen. Sperrnummer für verlorene Bank- oder Kreditkarten: Tel. 0049/116 116.

Haustiere

Tiere benötigen zur Einreise einen EU-Heimtierpass, in dem eine gültige Tollwutimpfung (Erstimpfung mindestens 21 Tage vor Grenzübertritt) eingetragen ist. Das Tier muss zudem mit Mikrochip gekennzeichnet sein – eine Tätowierung wird nicht mehr anerkannt.

Informationen

Infos und Prospekte bekommt man bei den Französischen Zentralen für Fremdenverkehr (ATOUT FRANCE):
- **Deutschland:** Postfach 100128, 60001 Frankfurt/Main, Fax 069/74 55 56, info.de@rendezvousenfrance.com, http://de.rendezvousenfrance.com/de
- **Österreich:** Innere Stadt, A-1010 Wien, Tel. 00 43 15 03 28 92, Fax 00 43 15 03 28 72, info.at@rendezvousenfrance.com, http://at.rendezvousenfrance.com

- **Schweiz:** Rennweg 42, 8021 Zürich, Tel. 044/217 46 00, Fax 217 46 17, info.ch@franceguide.com, http://ch.rendezvousenfrance.com/fr
- **in Frankreich:** Auch die Regionen, Départements und Städte verfügen über eigene Tourismusbüros (nähere Angaben im Reiseteil bei den jeweiligen Zielen), die bei der Zimmersuche helfen, lokale Feste empfehlen etc.

Internet

Internetcafés sind in Südfrankreich verbreitet (ausführliches Verzeichnis unter www.cybercafes.com). Auch Hotels und Tourismusbüros bieten Internetzugang, meist per WLAN (in Frankreich WiFi genannt). Kostenlos im Web surfen kann man in allen McDonalds-Filialen.

Notruf

- Euro-Notruf: 112 (Polizei, Notarzt und Feuerwehr)
- Seenot-Rettung: 1616
- Pannenhilfe (AIT-Assistance) 24 Std.: Tel. 08 00 08 92 22; die Autobahngesellschaften bieten einen eigenen Pannenservice (www.autoroutes.fr), Notruftelefone finden sich in regelmäßigen Abständen an der Fahrbahn.
- ADAC-Pannenhilfe im Ausland 24 Std.: Tel. 00 49 89 22 22 22

Urlaubskasse	
Tasse Kaffee	1,50–3 €
Softdrink	3–4 €
Glas Bier	3–4,50 €
Snack	5–7 €
Kugel Eis	2–3 €
Taxifahrt/km (zzgl. Grundpreis 1,80 €)	1,60 €
Mietwagen/Tag (preisgünstigste Saison)	60 €
1 l Superbenzin	ca. 1,35 €

Öffnungszeiten

- **Banken:** Mo–Fr 9–12, 14–16 Uhr, Sa und häufig auch Mo geschlossen.
- **Geschäfte:** Mo–Sa 9–12, 14–19 Uhr. Große Supermärkte schließen häufig erst um 20 oder 21 Uhr. Viele kleinere Geschäfte wie z. B. Bäckereien sind am Montag ganztags oder vormittags geschlossen. Dafür kann man sich am Sonntagmorgen mit ofenfrischen Croissants und Baguettes versorgen.
- **Postämter:** Mo–Fr 9–19 Uhr (in kleineren Ortschaften Mo–Fr 8–12, 14–18.30 Uhr) sowie Sa bis 12 Uhr. Briefmarken *(timbres)* sind auch im Zigarettenladen *(Tabac)* oder in Bars mit Zigarettenverkauf *(Bar-Tabac)* erhältlich.
- **Museen:** Die meisten staatlichen Museen sind entweder Mo oder Di geschlossen.

Post

Postkarten in Länder der EU müssen mit 0,80 €, Briefe (bis 20 g) mit 0,80 € frankiert werden. Die gelben Briefkästen haben meist zwei Einwurfschlitze: einen für die Stadt, in der man sich befindet, und einen für andere Bestimmungsorte *(autres destinations)*.

Rauchen

In Cafés, Restaurants, Bars und Diskotheken sowie in allen öffentlichen Gebäuden ist das Rauchen grundsätzlich untersagt.

Sicherheit

Autodiebstähle sind in Südfrankreich verbreitet. Man sollte den Pkw auf bewachten Parkplätzen abstellen und keine Wertsachen darin zurücklassen. Mit Wohnmobilen sollten Campingplätze angesteuert werden, von Übernachtungen auf Autobahnrastplätzen, v. a. Richtung Spanien, ist abzuraten.

Souvenirs

Beliebt sind Töpferwaren und Baumwolldrucke aus der Provence, baskisches Leinen, Seidenstoffe aus Lyon oder Glaswaren aus Biot, auch Parfüms aus Grasse, Seifen aus Marseille sowie Porzellan aus Limoges. Groß ist auch die Auswahl an kulinarischen Souvenirs, sie reicht von Bayonner Schinken und Pasteten aus dem Périgord über Honig und Kräuter aus der Provence bis zu Cognac und den hervorragenden Bordeaux-Weinen.

Telefon / Handy

Die meisten Telefonzellen sind mittlerweile auf Telefonkarten umgestellt worden. Die *Télécarte* ist in Tabakläden und bei der Post erhältlich. In vielen Zellen kann man sich unter der angezeigten Nummer zurückrufen lassen.

Handys/Smartphones funktionieren in Frankreich problemlos. Tipps zum Mobiltelefonieren findet man auf der Internetseite http://www.teltarif.de/ roaming/frankreich/handy.html.

Internationale Vorwahlnummern:
- Deutschland: 00 49
- Österreich: 00 43
- Schweiz: 00 41
- nach Frankreich: 00 33
- nach Monaco: 00 377

Trinkgeld

Trinkgeld *(pourboire)* legt man einfach auf den Tisch. Im Restaurant sind 10 % des Rechnungsbetrages angemessen.

Zoll

EU-Bürger können Waren für den persönlichen Bedarf und Geschenke unbegrenzt mitnehmen. Schweizer dürfen max. 200 Zigaretten oder 250 g Tabak, 2 l Alkoholika bis 22 Vol.-% und 1 l über 22 Vol.-% sowie 50 g Parfüm oder 250 ml Eau de Toilette ein- bzw. ausführen (www.ezv.admin.ch).

Register

Register

Bildnachweis

Coverfoto Alte Brücke bei Béziers © Getty Images/Moment RM/Paul Atkinson
Fotos Umschlagrückseite © shutterstock/leoks (links); Fotolia/aboikis (Mitte); shutterstock/leoks (rechts)

Liebe Leserin, lieber Leser,
wir freuen uns, dass Sie sich für diesen POLYGLOTT on tour entschieden haben.
Unsere Autorinnen und Autoren sind für Sie unterwegs und recherchieren sehr gründlich,
damit Sie mit aktuellen und zuverlässigen Informationen auf Reisen gehen können.
Dennoch lassen sich Fehler nie ganz ausschließen. Wir bitten Sie um Verständnis, dass der
Verlag dafür keine Haftung übernehmen kann.

Ihre Meinung ist uns wichtig. Bitte schreiben Sie uns:
TRAVEL HOUSE MEDIA GmbH, Redaktion POLYGLOTT, Grillparzerstraße 12,
81675 München, redaktion@polyglott.de
www.polyglott.de

1. komplett überarbeitete Auflage 2016

© 2016 TRAVEL HOUSE MEDIA
GmbH München
Dieses Buch wurde auf chlorfrei
gebleichtem Papier gedruckt.
ISBN 978-3-8464-2727-9

**Bei Interesse an maßgeschneiderten
POLYGLOTT-Produkten:**
Tel. 089/450 00 99 12
veronica.reisenegger@travel-house-
media.de

Bei Interesse an Anzeigen:
KV Kommunalverlag GmbH & Co KG
Tel. 089/928 09 60
info@kommunal-verlag.de

Redaktionsleitung: Grit Müller
Verlagsredaktion: Anne-Katrin Scheiter
Autor: Manfred Braunger
Redaktion: Anja Lehner
Bildredaktion: Ulrich Reißer
Mini-Dolmetscher: Langenscheidt
Layoutkonzept/Titeldesign:
fpm factor product münchen
Karten und Pläne: Theiss Heidolph
Satz: Tim Schulz, Mainz
Herstellung: Anna Bäumner
Druck und Bindung:
Printer Trento, Italien

PEFC
PEFC/18-31-506

Ein Unternehmen der
GANSKE VERLAGSGRUPPE

Mini-Dolmetscher Französisch

Allgemeines

Guten Tag.	Bonjour. [bö**sehur**]
Hallo!	Salut! [ßalü]
Wie geht's?	Ça va? [ßa **wa**]
Danke, gut.	Bien, merci. [bjё mär**ß**i]
Ich heiße ...	Je m'appelle ... [sehö mapäll]
Auf Wiedersehen.	Au revoir. [o röwoar]
Morgen	matin [mat**ё**]
Nachmittag	après-midi [aprämi**di**]
Abend	soir [ßoar]
Nacht	nuit [nüi]
morgen	demain [dö**m**ё]
heute	aujourd'hui [osehur**düi**]
gestern	hier [jär]
Sprechen Sie Deutsch?	Parlez-vous allemand? [par**l**e wu al**m**ä]
Wie bitte?	Pardon? [par**d**ö]
Ich verstehe nicht.	Je ne comprends pas. [sehö nö kö**p**rä pa]
Sagen Sie es bitte nochmals.	Pourriez-vous répéter, s'il vous plaît? [pur**j**e wu repe**t**e ßil wu **plä**]
..., bitte.	..., s'il vous plaît. [ßil wu **plä**]
danke	merci [mär**ß**i]
Keine Ursache.	De rien. [dö **rj**ё]
was / wer / welcher	quoi / qui / quel [koa / ki / käll]
wo / wohin	où [u]
wie / wie viel	comment / combien [ko**m**ä / kö**bj**ё]
wann / wie lange	quand / combien de temps [kä / kö**bj**ё dö **t**ä]
warum	pourquoi [pur**koa**]
Wie heißt das?	Comment ça s'appelle? [ko**m**ä ßa ßa**p**äll]
Wo ist ...?	Où est ...? [u ä]
Können Sie mir helfen?	Pouvez-vous m'aider? [pu**w**e wu **m**äde]
ja	oui [ui]
nein	non [nö]
Entschuldigen Sie.	Excusez-moi. [äks**k**üse **moa**]
Das macht nichts.	Ça ne fait rien. [ßa nö fä **rj**ё]
Gibt es hier eine Touristeninformation?	Est-ce qu'il y a une information touristique ici? [äski**lj**a ün ёformaß**j**ö turis**tik** i**ß**i]
Haben Sie einen Stadtplan?	Avez-vous un plan de la ville? [a**w**e wu ё plä dö la **wil**]
geschlossen	fermé [fär**me**]

Shopping

Wo gibt es ...?	Où est-ce qu'il y a ...? [u äski**lj**a]
Wie viel kostet das?	Ça coûte combien? [ßa kut kö**bj**ё]
Das ist zu teuer.	C'est trop cher. [ßä tro **schär**]
Das gefällt mir. / Das gefällt mir nicht.	Ça me plaît. / Ça ne me plaît pas. [ßa mö **plä** / ßa nö mö plä **pa**]
Wo gibt es hier eine Bank?	Où est-ce qu'il y a une banque ici? [u äski**lj**a ün bäk i**ß**i]
Ich suche einen Geldautomaten.	Je cherche un guichet automatique. [sehö schärsch ё gi**schä** otoma**tik**]
Geben Sie mir 100 g Käse.	Donnez-moi cent grammes de fromage. [do**n**e **moa** ßä gram dö fro**maseh**]
Haben Sie deutsche Zeitungen?	Avez-vous des journaux allemands? [a**w**e wus de sehur**no** al**m**ä]

Essen und Trinken

Die Speisekarte, bitte.	La carte, s'il vous plaît. [la **kart** ßil wu **plä**]
Brot	pain [pё]
Kaffee	café [ka**f**e]
Tee	thé [te]
mit Milch	au lait / sucre
Zucker	[o lä / **ß**ükr**ə**]
Orangensaft	jus d'orange [sehü do**räseh**]
Suppe	soupe [ßup]
Fisch / Meeresfrüchte	poisson / fruits de mer [poas**s**ö / **f**rüi dö **mär**]
Fleisch / Geflügel	viande / volaille [**wj**äd / wo**laj**]
Beilage	garniture [garni**tür**]
vegetarische Gerichte	cuisine végétarienne [küi**sin** we**seh**etar**jänn**]
Eier	œufs [öh]
Salat	salade [ßa**lad**]
Dessert	dessert [des**sär**]
Obst	fruits [früi]
Eis	glace [glass]
Wein	vin [wё]
Bier	bière [bjär]
Aperitif	apéritif [aperi**tif**]
Wasser	eau [o]
Mineralwasser	eau minérale [o mine**ral**]
Limonade	limonade [limo**nad**]
Ich möchte bezahlen.	L'addition, s'il vous plaît. [ladi**ß**jö ßil wu **plä**]

Meine Entdeckungen

....

....

....

....

....

....

....

....

....

....

....

....

....

....

....

....

....

....

Clevere Kombination mit POLYGLOTT Stickern

Einfach Ihre eigenen Entdeckungen mit Stickern von 1–16 in der Karte markieren und hier eintragen. Teilen Sie Ihre Entdeckungen auf facebook.com/polyglott1.

Checkliste Südfrankreich

Nur da gewesen oder schon entdeckt?

☐ **Van Gogh in 3D**
In und um Arles lassen sich Motive entdecken, die der geniale Maler in berühmten Werken verewigte. › **S. 15**

☐ **Schnupperkurs**
Bei Galimard in Grasse darf man sich unter kundiger Anleitung aus über 100 Essenzen seinen eigenen Duft mischen. › **S. 12**

☐ **Höhenflüge französischer Kochkunst**
In dem schmucken, einen Hügel krönenden Dorf Mougins konzentrieren sich Gourmetrestaurants in Panoramalage. › **S. 76**

☐ **Pétanque-Partie**
Eine ruhige Kugel schiebt man besonders stilecht dort, wo das Spiel 1910 erfunden wurde: in La Ciotat. › **S. 13**

☐ **Reise in die Steinzeit**
Was Steinzeitkünstler vor 17 000 Jahren in Lascaux auf die Felswände bannten, versetzt noch heute in Staunen. › **S. 139**

☐ **Promi-Spotting in St-Tropez**
Von den roten Tischen des Café Senequier aus hat man das Jetsettreiben auf den Decks der Nobeljachten gut im Blick. › **S. 15**

☐ **Wanderung auf der Wanderdüne**
Vom Kamm der gigantischen Dune du Pilat bieten sich grandiose Blicke auf die angrenzenden Kiefernwälder und den Atlantik. › **S. 15**

Mitbringsel für Daheim

Gourmetsalz: Fleur du Sel aus Gruissan lässt Gerichte nach Sonne und Meer schmecken › **S. 16**

K. Jacques-Sandalen: Schon die Bardot und Jackie Onassis liebten sie › **S. 16**